불통의 중국몽

중국의 '영향력 공작'에 꿀 먹은 한국정치

불통의 중국몽
―중국의 '영향력 공작'에 꿀 먹은 한국정치

초판 1쇄 인쇄 2024년 2월 23일
초판 2쇄 발행 2024년 7월 26일

지은이 주재우 **펴낸이** 황윤억
편집 김순미 문현우 황인재 **마케팅** 김예연 **디자인** 오필민 디자인
발행처 인문공간/(주)에이치링크 **등록** 2020년 4월 20일(제2020-000078호)
주소 서울 서초구 남부순환로 333길 36, 4층(서초동, 해원빌딩)
전화 마케팅 02)6120-0259 편집 02)6120-0258 **팩스** 02)6120-0257

• 값은 뒤표지에 있습니다. ISBN 979-11-984298-3-4 93340

글 ⓒ 주재우 2024

• 열린 독자가 인문공간 책을 만듭니다.
• 독자 여러분의 의견에 언제나 귀를 열고 있습니다.

전자우편 gold4271@naver.com **영문명** HAA(Human After All)

불통의
중국몽

중국의 '영향력 공작'에 꿀 먹은 한국정치

주재우 지음

인문공간

"내가 좋아하던 중국이 아니다. 미쳐가고 있다."
말이 안 통하는 불통의 중국(中國疯了)

2014년 가을, 베이징에서 개최된 학회에서 충격적인 이야기를 접했다. 휴식 시간에 20년 지기 중국 친구는 저자에게 "너는 한국에 돌아가면 우리가 해주는 말을 왜 언론에 안 전하냐?"고 물었다. 나는 "그건 너의 학자적 소견이지. 참작할 만한 얘기들 아냐?"고 반문했다. 그러자 그는 "아니다. 중국 정계, 고위 인사들에서 나오는 얘기다."라고 지적하며, 우리 언론에 잘 전달하는 이들의 실명을 거론했다.

나는 그러려니 했다. 왜냐면 이들은 중국 학자들의 전언을 '중국공산당 간부', '중국 고위급 인사', '중국 정부의 고위층 인사'의 말로 종종 포장했기 때문이다. 중국 전문가로서 씁쓸했다. 우리의 중국 전문가들이 중국학자들의 발언을 열심히 실어 나르고 있음을 중국인들이 확인해 주었기 때문이다.

중국을 공부한 이들은 다 알고 있다. 중국 내에서 중국공산당 간부를 비롯해 중국 정부의 고위층, 고위급 인사를 만나기가 자유롭지 못하다는 현실을. 우리나라 중국 대사는 2010년 천안함 폭침 사건 이후 중국 외교부 부장(장관)을 베이징에서 단독으로 거의 만나 보질 못했다. 중국 외교부 차관 또한 거의 보질 못한다. 이런 현실과 사실을 누구보다도 잘 알고 있을 우리의 소칭 '중국 전문가'들이 감히 중국공산당의 간부와 정부의 고위급 인사를 만났다며 이들을 인용하다니…. 그것도 현직에 있는 인사들을? 가능하지도 않은 이야기가 무책임하게 남발되는 기사들을 보고 개탄하지 않을 수 없다. 우리의 대중국 인식을 호도하고 중국을 잘못 오인하는 데 앞장서는 모습에 이들의 의도와 저의를 국민의 한 사람으로 궁금해하지 않을 수 없었다.

이런 궁금증이 쌓여가는 가운데, 같은 해 미국 언론 기사를 하나 접하게 되었다. 워싱턴 이너 서클(inner circle, 씽크탱크 및 전문가 집단)에 이른바 '중국 자금(China money)'이 과도하게 유입되고 있다는 것이다. 중국이 연구기관, 전문가들의 연구 사업을 후하게 지원하면서 중국에 호의적인 연구 결과를 유도하는 상황이 발생하고 있다고 기사는 보도했다.

이때 드는 생각은 하나였다. '아, 워싱턴도 이러한데 우리는 어떨까?' 이후 우리 학계에서도 유사한 풍문이 나돌기 시작했다. 누가 중국의 지원을 많이 받는다더라, 중국 측이 심지어 이들의 가족들에게까지 호의를 베푼다더라 등의 소문이었다.

이런 설이 난무한 가운데 우리 언론도 관심을 가지기 시작했다. 몇몇 언론사가 심증적으로, 그리고 정황상 유추하면서 기사를 작성한 바 있었다. 그러나 외국 언론사와 같이 증거를 가지고 심층 보도를 한 적은 없었다. 이런 문제를 두고 고민하는 언론인들을 만나면서 나는 그들에 발품을 팔 것을 촉구했다.

지금까지 서구에서 출판된 중국 영향력에 관한 저명한 서적 대부분은 언론인의 손에서 집필되었다. 교수는 몇 사람에 지나지 않는다. 서구의 전문가들은 보고서 형태로 특정 이슈와 영역에 대한 중국 영향력 공작을 조망한다. 그러나 중국의 전반적인 공작 활동을 파헤치는 것은 언론인들의 몫이었다.

필자가 이 책을 집필하기로 마음먹은 것은 중국을 혐오하거나 폄훼하기 위함이 아니다. 기본적으로 나는 중국을 좋아한다. 중국의 문화, 역사, 전통, 음식 등을 좋아한다. 20년 지기, 30년 지기의 중국인 친구들도 많다. 지도교수님 댁과는 한 식구처럼 지낸다. 1990년부터 중국을 30년 넘게 다니면서 중국은 이제 제2의 고향과 같다.

그러나 작금의 중국은 내가 좋아하던 중국이 아니다. 미쳐가고 있다. 그 미친 정도가 도를 넘고 있다. 고압적이고 위압적인 언행, 그리고 안하무인 방식의 외교에 개탄하지 않을 수 없다. 주권국가 외교에서 비상식적이고, 있을 수 없는 행세가 일상화되었다. 19세기 이전의 중화질서로 회귀하는 꿈이 아닌 망상 속에서 사는 중국을 보며 절망하지 않을 수 없다.

오죽하면 중국 외교를 전공한 나는 중국인 친구들에게 '너희 저우언라이(周恩來), 황화(黃華), 천이(陳毅)와 같은 외교 인물은 다 어디 갔냐. 이들은 국제사회로부터 추앙받고, 정말 지적이고, 지혜롭고, 덕망 있고, 인간미 넘치는 멋진 외교관들이었다. 심지어 1990년대의 첸지천(錢其琛) 외교부장도 유사한 부류의 인물이었다. 다들 어디 갔냐?'라고 반문했다.

지금의 중국은 말이 안 통하는 중국이 되었다. 개혁개방 첫 30년 동안 중국은 외국의 시각, 소식, 정보, 사실, 이론 등을 최소한 이해하려 했다. 수용까지는 아니더라도, 이해하려는 자세를 보이면서 중국을 소개하려는, 그리고 대화하려는 개방된 태도를 지니고 있었다. 지금의 중국은 이 모든 것을 부정하고 부인한다. 외국의 것을 모두 가짜, 허구라고 지적하며 상당히 폐쇄적이고 배타적인 태도를 고집한다. 오늘날 중국이 고립되는 근본적인 이유다. 이를 극복하기 위한 전략으로 중국은 영향력 공작, 즉 통일전선 전략을 선택했다. 중국의 국가 이미지를 개선하고, 좋은 이미지를 발산하려는 방편으로 채택됐다.

중국의 선택은 오히려 역효과를 불러오고 있다. 통일전선 전략이 불법적이고 불공정하고, 정의롭지 못한 수단과 방법을 가리지 않고 동원하기 때문이다. 게다가 중국은 자신의 매력을 어필하면서 동시에 치명적인 오류를 범하고 있다. 국제사회가 수용할 만한 가치가 결핍된 것이다. 가치가 수반되어야 영향력은 발휘된다. 미국의 영향력이 민주, 자유, 인권 등의 가치에 기반했기 때문에 오늘날 세계를 호령하는 강대국으로 부상할 수 있었다. 그러나 중국은 그러하지 못하다. 공산주의의 실현을 부르짖으며 사회주의를 표방하는 중국이 국제사회와 인류에게 어필할 수 있는 가치는 없다.

오늘날 중국에 국제사회가 준수하는 국제법, 질서, 제도, 체계와 규범은 중국의 영향력을 구속하는 장애물로 비칠 수밖에 없다. 이 같은 국제적 제약을 극복하는 과정에서 중국은 구구한 억측과 억지 주장을 명분으로 내세운다. 이마저도 여의치 않자, 중국은 편법은 물론 불법적인 수단과 방법까지 동원하며 영향력 확대를 전개하고 있다.

《불통(不通)의 중국몽(中國夢)》은 중국이 우리나라에서 진행하는 영향력 공작 실태를 법적 효력을 가질 만한 증거를 가지고 쓴 것은 아니다. 서구에는 이러한 증거가 즐비하다. 그러나 중국이 우리나라에서 벌이는 영향력 공작의 접근 방법은 서구의 것과 다르다. 그렇기 때문에 중국이 우리에게만 적용하는 통일전선 전략에 맞춰 공개된 자료에 기반하여 집필을 한 책이라 하겠다. 이 책을 통해 바라는 바는 하나다. 우리의 사회질서와 국가이익을 침해하는 중국의 수작을 알리는 것이다. 우리 사회에 경종을 울림으로써 앞으로 이에 대한 대비책 수립과 필요한 법적 근거를 마련하는 데 참고 자료가 되었으면 한다. 그래야만 중국이 우리를 예속, 복속하려는 시도를 주권국가로서 합법적으로 체계적으로 과학적으로 저지할 수 있겠다.

민감한 사안을 다룬 책이지만 출판해주신 인문공간 출판사의 황윤억 대표, 내용을 꼼꼼하게 확인하고 교정까지 도와준 박사과정의 박찬미 씨, 인문공간의 김순미, 문현우, 황인재 편집자에게 감사의 말씀을 드린다.

2024년 1월 1일
주재우

차례

3부 법질서 농락, 공자학원 실체

4부 극중팔계(克中八計) 외교 전략

8장 중국 외교 공작 대비, 8개 책략[八計]　　259

1부

중국의 '영향력 공작' 전쟁

1장

'한국 특색'의 중국 '영향력 공작'

1-1 서방과 다른 무자비한 초한전(超限戰)

중국이 전 세계를 대상으로 영향력 확대(Influence Operation) 전쟁에
나섰다. 1999년에 발간된 『초한전(超限戰, 영문명 'Unrestricted Warfare',
이른바 '무제한 전쟁')』은 중국공산당 영향력 공작의 본격적인 서막
이었다. 중국공산당은 당내에 조직을 꾸리고 정부에 이를 수행
할 기관을 연이어 설립했다. 그러나 영향력 확대를 위한 공작의
역사는 사실 이보다 더 위로 거슬러 올라가야 한다.

　1921년에 창당된 중국공산당은 이후 통일전선이라는 전략 개
념으로 영향력 확대를 추진하기 시작하였다. 통일전선은 본래
'공산주의 확산'에 통용되는 개념이다. 따라서 해당 전략은 대내
외적으로 추진되었다. 내부적으로는 무산계급의 해방을 공산주
의가 견인하고, 계급투쟁의 확대와 팽창을 통해 궁극적으로 공

산주의 정권을 수립하는 데 목적이 있었다. 대외적으로는 세계 식민지 나라와 이들의 무산계급 해방을 돕기 위하여 공산혁명 수출을 적극적으로 전개하면서 세계의 공산화를 꿈꿨다.

초한전 전략 개념을 수용한 중국공산당은 중국의 영향력을 확대하기 위해 수많은 공작을 펼치고 있다. 그리고 그 내용은 '초한'이라는 이름처럼 모든 경계를 초월하였다. 공작의 대상은 일반인에서부터 언론인, 지식인, 지도자, 시민단체(NGO), 심지어 정부에까지 이른다. 이들을 포섭하기 위하여 동원되는 수단도 한계가 없다. 호의적인 지원에서부터 매수와 회유, 겁박과 압박 등이 쉴 새 없이 쏟아진다. 이 과정에서 포섭 대상, 특히 식자층과 엘리트층에서 공작의 성공 기미가 보인다면 중국공산당은 물심양면으로 그들에 지원을 아끼지 않는다.

중국공산당을 비판하는 해외의 인물과 세력을 근절하는 것도 중국의 영향력 공작 활동 중 하나이다. 중국은 해외에 비밀경찰을 두고 현지의 중국인을 감시한다. 비밀경찰은 이들의 행적, 언행 등을 예의주시하며 이들을 제거할 기회만을 호시탐탐 노린다. 이 과정에서 회유와 겁박, 압박 수단이 동원되는데 심지어 중국에 두고 온 가족과 친척을 인질로 삼아 협박을 가하기도 한다. 중국에 있는 친인척들이 사회적 불이익을 입을 수 있다고 읍소하며 달래는 것이 통상적인 압박 방식이다.

영향력 공작이 일관된 방식으로 이루어지는 것은 아니다. 나라마다 중국의 노림수가 다르기 때문이다. 즉, 중국은 해당 국가에서 추구하는 목표와 목적에 맞춰 '맞춤형' 공작을 전개한다.

그래서 중국이 우리나라에서 펼치는 영향력 공작은, 중국이 서구에서 자행하는 것과 다르다. 중국이 우리나라에서 궁극적으로 달성하고자 하는 목표가 서구를 향한 것과 동일하지 않기 때문이다. 중국은 우리에 특성화된 전략, 다른 나라와 차별화된 전략으로 영향력을 확대하려 노력하고 있다. 그 배경은 무엇일까?

1-2 한국은 왜 다른가? 14개국과 국경 공유한 중국

첫째, 한반도의 지리적 위치에 그 원인이 있다. 한반도는 중국에 근접한, 심지어 국경을 공유하는 지역이다. 중국은 14개 나라와 국경을 공유하고 있는데 그들 중 대부분이 우리와 다르게 과거에 사회주의 국가였거나, 현재도 사회주의로 남아있는 국가들이다. 사회주의 국가 출신인 나라로는 러시아, 몽골, 카자흐스탄, 키르기스스탄, 타지키스탄 등이 있다. 그리고 현재도 사회주의를 고수하는 나라로는 북한, 베트남과 라오스 등이 있다. 14개 국가 중 8개 나라가 사회주의를 '채택했던' 혹은 '채택한' 나라이다. 과거의 사회주의 국가들은 아직 민주화가 성숙하지 못했기 때문에 여전히 중국과 역사적, 정치적 공감대를 유지하고 있다. 현재 사회주의 국가는 언급할 것도 없다. 여전히 일당 독재정권이 통치하며 중국과 운명을 같이 하고 있다. 나머지 6개 국가 중 미얀마는 군정이 오랜 기간 통치했기 때문에 중국과 협력하며 공존하는 관계를 유지 중이다. 부탄, 네팔, 파키스탄, 아프가니스탄 등은 약소국이다. 인도만이 중국과 유사한 인구와 영토 규모를 가진 민주주의 국가이다.

대한민국은 중국과 육상 국경을 공유하지 않지만, 해상 국경은 공유하고 있다. 하지만 양국 간의 해상 국경은 아직 불분명하다. 두 나라 사이의 거리가 너무 가깝기 때문이다. 400해리에도 미치지 못하는 지리적 격차는 200해리를 보장하는 배타적경제수역(EEZ)의 구획마저 가로막고 있다. 이 배타적경제수역 밖의 바다가 원칙적으로 공해(公海)가 되는데, 배타적경제수역이 200해리씩 획정되면 한국과 중국 사이에는 사실상 공해가 존재하지 않는다. 해상 국경이 미정인 지금의 상황에서 한중 양국은 해상 전략이익 면에서 서로 경쟁하는 내재적 전략 구도를 지니고 있다.

여기서 내재적 전략 구도란 미국이 1951년에, 중국은 1982년에 설정한 최전선 방어선을 각각 자신의 최전선 방어선과 최후 방어선으로 채택하며 형성된 결과물이다. 이 방어선이 이른바 '제1도련선'이다. 중국은 이 방어선을 자신의 영토를 방어하는 최후의 마지노선으로 정의한다. 제1도련선은 과거 악명높은 '애치슨 라인'과도 높은 유사성을 보인다. 애치슨 라인과 마찬가지로 미국의 제1도련선 방어 지역은 한반도와 대만을 열외에 두었다. 대만이 중국의 '일부'라는 점을 고려해 보면 이해 못 할 선택은 아니다. 중국에 불필요한 자극과 오해를 피하기 위한 전략적 계산의 결과물로 볼 수 있기 때문이다. 반면 대한민국과 한반도는 지리적 위치 때문에 빠질 수밖에 없었다. 단, 애치슨 라인이 그어진 당시와 달리 오늘날의 대한민국에는 한미동맹과 주한미군이 존재한다.

한미동맹과 주한미군의 존재는 중국의 제1도련선 방어에 치명적이다. 중국의 최후 방어선 중심부에 대한민국이 있고, 그 속에 미국과의 동맹조약과 미군이 모두 존재한다. 중국이 이런 상황을 반가워할 리 없다. 유사시 중국이 제1도련선을 철통같이 방어한다고 하더라도 미국의 접근을 완전히 억제하기는 어렵다. 사실 중국의 방어선은 이미 주한미군으로 무너져 버렸다. 다시 말해, 중국은 이미 주한미군의 직접적인 타격과 침공 가능성에 노출되어 있다.

평택기지는 세계에서 가장 큰 해외 미군 기지임에도 불구하고, 2만 6천여 명의 주한미군도 다 수용하고 있지 않다. 여기서 우리는 평택기지의 무장 수준을 가늠할 수 있다. 더욱이 미국이 2019년에 중거리핵전략조약(INF)을 파기하면서 평택기지는 중국을 타격할 수 있는 사정거리의 미사일이 배치될 가능성 또한 얻게 되었다. 미군기지에 도입되는 무기가 주둔국의 세관 통관 절차에서 제외되기 때문에, 외부인이 미군기지에 어느 무기가 얼마만큼 있는지 정확히 파악하는 것은 불가능에 가깝다. 중국은 자신을 견제하고 방어할 목적으로 한반도 미군기지에 들어올 무기 수준에 온 신경을 집중하고 있다.

이렇듯 주한미군의 위협에 노출된 중국은 유사시, 제1도련선을 겨냥한 미국의 공격과 주한미군의 직접적인 공격, 사실상 두 개의 전장(戰場)을 감당해야 한다. 이러한 전략적 부담감을 해소하기 위하여 중국은 북한과 함께 대한민국에 한미동맹 폐기와 주한미군 철수를 줄기차게 요구하고 있다.

1-3 중국의 제1도련선과 한미동맹

둘째, 확연한 인구학적 차이 때문이다. 중국 화교의 역사는 유구하다. 규모 역시 상당한 수준이다. 오랜 이주 역사를 거치며 중국 화교는 정착지의 주류 사회에 이미 단단히 뿌리내리는 데 성공하였다. 주류 사회에 진출한 화교는 엘리트층을 형성하며 영향력을 발휘할 수 있는 위치로 우뚝 섰다. 중국공산당은 이런 화교들의 역량과 위상을 영향력 공작에 접목하여 십분 활용한다. 화교들이 다양한 분야에서 주류 사회를 형성하고 있는 만큼, 중국공산당 영향력 공작에서 이들은 상당한 자산이다.

이와 달리, 대한민국의 화교는 다른 나라의 화교와 다른 역사를 지니고 있다. 우리는 오랜 기간 그들을 탄압하고 정착을 저지하였다. 그래서 이들의 정착 역사는 짧고, 그 수도 굉장히 적다. 우리나라 화교 사회는 대만 국적 혹은 대만 출신들이 형성하였는데, 2021년 2월을 기준으로 이들의 수는 2만 명이 채 되지 않는다. 중국인들은 1992년 한중수교 이후 점차 우리나라로 이주해 오기 시작하였다.

시작은 늦었지만, 중국인의 증가 속도는 가히 경이로울 지경이다. 2021년 2월을 기준으로 볼 때, 우리나라에 정착하여 생활하는 중국인의 수는 150만 명이 넘는다. 이 가운데 한국계 중국인,

즉 일명 '조선족'이 63만 2천 명 정도고, 그 외의 중국인이 87만 5천 명에 이른다. 중화인민공화국에서 넘어온 이들 가운데 우리 주류 사회에 진출한 이는 극히 드물다. 없다고 단정해도 과언은 아니다. 우리나라 재계에 영향력을 미칠 수 있을 정도로 사업상 성공한 인물이나, 정계, 언론계 등 우리 사회에 영향을 발휘할 수 있는 오피니언 리더층에 진출한 인물도 거의 없다. 학계에 진출한 사례가 몇 있기는 하지만 영향력은 미미하다.

1-4 한국의 친중 세력

셋째, 대신 중국은 우리 사회 속의 친중 세력을 활용한다. 다시 말해, 자기 민족(중국인, 화교, 한국계 중국인 등)을 이용해 우회적으로 침투하려고 한다. 중국은 양분화된 우리 사회를 잘 파악하고 있으며 어떻게 이용해야 할지 역시 숙지하고 있다. 우리 사회는 가치 면에서 진보와 보수, 대외관계 입장에서는 친미(親美)와 반미(反美), 친일(親日)과 반일(反日), 친중(親中)과 반중(反中) 등으로 나뉜다. 여기서 친중 세력은 중국에 있어 천군만마와 같다.

중국은 우리 사회에 존재하는 친중 인사, 세력 등을 자신의 영향력 공작에 활용한다. 한중수교 이후 학술, 인문 교류가 활성화되면서 많은 학생이 중국 유학길에 오르고, 역시 많은 학자와 지도자가 방문학자의 신분으로 중국을 방문하였다. 이들은 귀국한 후 우리 사회 내에서 소위 '중국 전문가'로서 다양한 분야에서 많은 활동을 하고 있다. 다수의 다른 지역전문가들과 마찬가지로 이들 역시 중국에 애틋함과 정을 가지고 있기에 매우 우호적으로 발언과 옹호하는 태도를 보인다.

우리나라에 친중 세력과 인사들이 양산된 것은 한반도 분단과 긴밀한 연관이 있다. 한반도가 분단된 이후 우리나라에는 이산가족과 실향민이 발생하였다. 이들이 이북에 연민의 정을 가지고 동정하는 것은, 어쩌면 지극히 당연한 결과였다. 이들은 자연히 친북세력으로 성장했다. 다른 한편, 북한은 남한을 향해 통일전선 전략을 전개했다. 남한 사회에 교란과 동요를 일으켜 무질서의 혼란을 형성한 뒤, 남침하여 무력 통일을 달성한다는 전략이었다. 교란과 동요를 일으키기 위해 사회 곳곳에 북한을 추종하는 이른바 '종북' 세력이 출현하기 시작하였다. 1980년대 대학가에서 이들은 이른바 '주사파'로 불리었다. 이들 종북과 친북 세력은 반미와 반일의 입장도 겸한다. 북한의 타도 대상이 미국(제국주의)이고, 척결 대상은 친일파이기 때문이다.

종북과 친북 세력은 1992년 한중수교를 기점으로 친중 세력과 결탁하기 시작했다. 친중 세력이 주장하는 독립·자주적인 통일이든, 종북 세력이 요구하는 적화통일이든, 북한과 연대하여 통일 목표를 달성하자는 공통의 분모 위에 그들은 손을 잡았다. 종북과 친북 세력에 있어 중국은 북한의 동맹이며, 북한과 협력 및 교류하는 데 값진 교두보, 가교가 되어 줄 나라다. 이들에게 중국은 곧 천군만마와도 같다. 북한을 끌어안고 싶은 그들은 중국의 역할과 기여를 기대하였다. 즉, 남한의 일방적인 흡수 통일을 거부하는 한편 북한과 공존하면서 북한의 생존에 중국과 협력하고자 한다. 이들에게 통일의 염원은 사라진 지 오래다. 친중 세력은 친북, 종북 세력과 일치된 견해를 보이고 있으며, 다른 한편 대미와 대일 문제에서는 반미, 반일 세력과 같은 의견을 공유하고 있다. 이보다 더 중국의 입맛에 잘 맞는 집단은 없을 것이다. 특히 중국이 한반도에서 달성하고자 하는 궁극적인 목표를 고려해 보면, 이들은 이용할 가치가 충분히 있다.

1-5 중국에 대한 환상(myth)

넷째, 중국은 우리가 중국에 가지고 있는 '환상(myth)'을 알고 있다. 우리는 한중수교 이후 중국에 대해 늘 환상을 가져왔다. 그 환상은 세 가지로 정리해 볼 수 있다. 하나는 한반도 통일에서 중국의 지지다. 한반도를 통일하자면 남한과 북한의 노력 이외, 중국을 포함한 주변 강대국의 지지와 협조 역시 필요하다. 통일 이후 북한을 재건하기 위해서라도 주변국의 협력은 중요하다. 그중 북한의 동맹국인 중국의 지지와 협조는 더욱 긴요하다. 한반도 통일이 민주주의 체제 위에서 이루어진다는 데 이견을 가질 우리 국민은 없다. 그러나 이는 중국에 있어 유일한 동맹국을 상실하게 된다는 것을 의미한다. 그리고 중국이 적대세력으로 간주하고 있는 미국과 주한미군의 역할과 기능, 심지어 주둔 기지의 위치에 변화가 발생할지도 모른다는 불분명한 미래를 암시한다. 실제로, 한반도가 통일된 뒤 주한미군기지가 압록강 변으로 이전할지도 모른다는 관측은 오래전부터 중국을 자극해 왔다. 그렇기 때문에, 한반도 통일을 위해 중국을 설득하여 협조와 지지를 얻어내는 것이 무척이나 결정적인 요소라는 데 많은 이들이 동의하고 있다.

그러나 중국이 한반도 통일에 과연 찬성표를 던질 것인가에 대해서는 의문이 든다. 한중수교 이후 지난 30년 동안 중국이 발언한 기록을 보면 그는 한반도를 상대로 이중 플레이를 하고 있다. 북한의 동맹국으로서 그는 북한 체제와 정권 위에 통일이 구현되길 응원한다. 북한이 통일 방식으로 고려연방제를 소개했을 때부터 중국은 이를 일관되게 지지해 왔다. 그리고 이것이 중국이 북한에 전하는 한반도 통일에 대한 기본 입장이다. 다만, 중국이 북한의 고려연방제를 공개적으로 지지한 때는 1990년이 마지막이었다.

중국은 남한에게도 외교적인 수사로 지지 입장을 표명하였다. 그가 지지한 통일은, 외세의 간섭 없이 한민족이 독립적이고 자주적인 결정을 통해 일궈내는 평화로운 통일이다. 다만 그는 '어떤 체제'의 통일 한반도가 되어야 하는지 언급하지 않았다. 반면, 북한에게는 고려연방제를 지지한다는 태도를 여러 차례 드러내었다. 한반도 통일에서 중국이 원하는 최종 형상은 아마도 북한이 주장하는 고려연방제일 개연성이 크다. 자신이 대만과의 통일 모델로 추구하는 '일국양제(一國兩制, 한 나라, 사회주의와 민주주의의 두 체제의 공존 의미)'와 개념상 매우 흡사하기 때문이다. 중국이 우리에게 보낸 지지 메시지에서 한민족은 남한과 북한이겠지만, 양자가 외세의 간섭 없이 결정하는 통일의 최종 형상은 공산체제와 공산정권 하의 한반도일 것이다. 고려연방제를 찬성한다는 것은, 곧 북한이 주도하고, 북한이 원하는 방식으로, 나아가 북한이 통치하는 한반도 통일을 구현하길 바란다는 의미를 함축한다.

우리가 중국에 가지고 있는 두 번째 환상은 북한 비핵화를 향한 중국의 협력이다. 다만 이 환상은 지난 30년 동안 중국이 보여준 실망스러운 역할과 협력 수준에 상당히 희석되었다. 중국이 북한의 동맹국이라는 사실에서 우리는 중국에 보다 많은 것을 가정하고 기대하였다. 특히 북한 비핵화 과정에서 북한의 협력과 협조를 모색하는 데 동맹국인 중국이 건설적인 역할을 수행해 줄 것이라고 자연스럽게 예상했다.

이런 예상이 아주 뜬구름 잡는 소리는 아니었다. 북한과의 대화가 경색 국면에 처하더라도, 중북 간의 대화 창구는 개방되어 있었기 때문이다. 많은 이들이 북한을 대화의 장으로 유도하거나, 나오도록 압박할 수 있는 나라는 중국이라는 데 입을 모았다. 북한 비핵화를 위한 보상 문제 등 일련의 북한 문제를 해결하는 데에서도 중국의 역할이 중요하다고 주장하였다. 반대로, 중국이 북한의 동맹국이다 보니 동맹국인 북한이 자국의 방어 능력을 증강하는 데 반대할 리가 만무하다는 의견도 존재한다. 결국 중국의 역할을 기대하든 반대하든, 중국의 협력을 끌어내는 것이 중요하다는 논리는 성립된다. 많은 이들이 이 논리 위에 환상을 품었다.

세 번째 환상은 중국 시장에 대한 것이다. 중국 시장은 세계적인 규모를 자랑한다. 이런 규모의 시장이 우리 지척에 있다는 점은 우리에게 무척이나 고무적인 사실이다. 편리하고 저렴한, 그리고 효율적인 유통비용 덕분에 높은 경제적 이득이 기대되기 때문이다. 문제는, 그러므로 이런 시장을 절대 놓쳐서는 안 된다는 강박관념에 있다. 모두가 중국을 신줏단지처럼 소중하게 모시고 오래도록 소유하고 싶어 한다. 어떻게 해서든 우리는 이 시장을 보호해야 하고, 이곳에서 절대 배척되면 안 된다고 우리 자신을 옥죄고 있다.

이런 우려가 현실로 나타날 경우, 우리의 언론과 전문가, 학자, 오피니언 리더 모두가 입을 모아 정부를 책망한다. 그러나 문제는 우리의 정부가 아닌, 변화하는 중국에 있다. 지난 40여 년 동안 개혁개방정책을 펼치면서 중국의 경제구조, 산업구조, 무역구조, 소비구조 모두가 본질적인 변화를 겪었다. 그리고 이런 변화에 따라 우리는 점차 중국 무역 시장에서 흑자를 보기 어려워졌다. 흑자가 당연하던 무역구조는 과거가 된 지 오래다. 중국에 진출한 우리 산업이 중국 시장에서 경쟁력을 잃은 지도 오래다. 30년 전 한중수교와 함께 중국 시장에 뛰어든 우리 산업은 대부분 이미 국내에서 사양길을 걷고 있었다. 더욱이 우리나라 환경보호 규제가 강화되면서 이들은 더 이상 설 곳이 없었다. 1992년 개방된 광활한 중국 시장은 이들에게 구세주였다. 그들은 중국 시장을 딛고 기사회생하였다.

오늘날 우리는 우리나라가 세계 10위권의 경제력 국가 반열에 올랐음에 상당한 자부심과 자긍심을 가진다. 그런데 우리와 같은 경제적 반열에 있는 나라와 유사한 무역수지구조를 갖는 데에는 상당히 불쾌해한다. 세계 10위 이내의 경제 규모를 갖춘 국가들 모두가 중국과의 무역에서 적자를 보고 있다. 그것도 만성 적자에 허덕이고 있다. 여기서 예외인 나라는 딱 하나뿐이다. 바로 일본이다. 일본은 첨단 기술을 입힌 소비재, 부품, 장비(이른바 '소부장') 등을 판매하며 유일하게 중국과의 무역에서 흑자를 보고 있다. 반대로 이는 우리가 1965년에 일본과 수교한 이래, 대일무역에서 만성 적자를 보고 있는 이유이기도 하다.

우리의 제조업 기반은 거의 유실되고 소비재와 중간재마저 중국에 의존하게 된 지 오래다. 더욱이 더 저렴하고 경제적인 소비재를 제공할 수 있는 중국에 우리의 의존도는 더 상승할 것이다. 다른 선진국과 마찬가지로 우리도 고임금, 노동력 부족 등과 같은 이유로 제조업 종말에 다가서고 있다. 우리 제조업이 중국 시장과 활발히 접촉했을 때는, 우리의 '소부장'이 상당한 경쟁력을 가졌을 때였다. 우리의 '소부장'이 중국 수출 시장에서 호황을 맞았을 때, 우리의 대중 무역 흑자도 비례하여 황금기를 맞이하였다. 그러나 '소부장'에서 중국과의 기술격차는 점차 줄어들었고 우리의 효자 수출 상품이었던 '소부장'은 더 이상 황금알을 낳는 거위가 되지 못했다. 세계 10위 경제 국가로 우뚝 섰으면서 중국 무역 시장에서 흑자를 기대하는 것은 이제 과욕이다. 이제는 그 위상에 맞는 눈높이에서 우리 경제, 산업, 무역과 소비 구조의 변화를 바라보고, 이들을 해석할 적정한 안목을 갖춰야 한다.

1-6 중국 사대주의 DNA, 중국 포비아

마지막으로 중국이 우리나라에 차별화된 영향력 공작을 펼치는 것은 우리 사회 내부에서 자생한 중국 '포비아(phobia, 공포심)'를 적절히 이용할 수 있기 때문이다. 우리의 중국 포비아는 두 가지 사건을 통해 태동하였다. 하나는 2014년부터 논쟁이 시작된 사드(THAAD) 배치 문제였고, 다른 하나는 2015년에 사회를 뜨겁게 달군 중국 설립의 아시아인프라투자은행(AIIB) 가입 문제였다. 특히 사드 사태를 계기로 중국은 자기네들이 던진 돌 하나가 한국 사회를 양분화시킬 수 있다는 교훈을 얻었다.

사드 배치를 결정한 2016년부터 중국은 우리에게 각양각색의 경제 보복 제재를 단행하였다. 우리의 중국 포비아는 이런 환경 속에서 싹트기 시작했다. 당시의 경험은 중국 보복 조치가 상당한 파급력과 파괴력을 가지고 있음을 여실히 증명하였다. 그리고 이때부터 우리는 특히 미국의 제안이 있을 때마다, 자연스럽게 중국을 의식하기 시작하였다. 중국에 대해 수세적이고 수동적이고 소극적으로 사고하는 습관을 지니게 된 것이다. 미국과의 사안, 또는 한미동맹에 관한 사안을 결정할 때마다 우리는 스스로에게 질문을 던진다.

중국은 어떻게 반응할까?

중국의 보복은 없을까?

자동으로 중국을 의식하는 습관은 아마도 오랫동안 잠재되어 온 우리의 사대주의 DNA가 깨어났기 때문일지도 모른다. 우리 국익을 따져보기도 전에 중국을 즉각적으로 먼저 의식하며 베이징의 눈치를 보는 병폐가 특히 우리의 사회지도층, 엘리트층, 오피니언 리더, 언론인, 식자층에 만연해 있다. 우리의 국익을 가장 먼저 생각하고, 그를 중심으로 중국에 대한 대응책을 세우는 것이 진정 국민과 국익을 위한 올바른 사고가 아닌지 수십 번 반문하고 싶은 대목이다. 하지만 상기한 계층들은 이구동성으로 시종일관 중국의 반응에 촉각을 곤두세우고 있다. 대한민국 국민으로서 부끄럽고, 개탄하지 않을 수 없는 현실이다.

　중국은 이런 우리의 중국 포비아를 즐기고 있다. 이용도 매우 잘하고 있다. 사드는 중국에 천군만마와도 같은 학습 효과를 준 것이다. 우리의 포비아를 비웃으며 중국은 우리를 계속해서 압박하고 있다. 주한중국대사에서부터 외교부장, 정부 부처의 수장과 심지어 중국공산당의 총서기이자 국가주석까지도 한국의 카운터파트(Counter part) 혹은 대통령을 면전에서 압박하는 장면을 심심치 않게 목격할 수 있다.

　중국이 우리 사회를 교란하고 양분화시키는 행위를 일삼으면서 우리 정계는 정쟁에, 국민은 논쟁에 함몰되어 간다. 반대로 우리 국익은 점차 멀어져 간다. 서로를 향한 비방과 압박만이 남고, 우리 것을 강조하며 챙기자고 다독이는 이는 거의 없다. 갈등은 중국에 대한 대응책을 마련할 수 있는 전략적 사고의 시간마저도 소거해 간다. 오늘날 중국은 우리의 이런 취약점을 집요하게 파고들며 제 영향력을 깊숙이 꽂아 넣고 있다. 이의 대가로 우리 국익을 수호하기는커녕, 혈세로 막대한 사회적 기회비용만 지불하고 있어 안타깝다.

우리에 대한 중국의 영향력 공작은 상기한 상황과 여건, 조건 때문에 특성화되고 차별화되었다. 중국은 서구 국가와 대한민국에 대해 각각의 노림수를 가지고 있다. 주류 사회에 접근할 수 있는 우리의 방식과 서구의 방식이 달라서, 인구학적 구조(화교의 역사와 규모) 역시 우리 사회와 서구 사이에 차이가 존재해서, 중국은 우리 사회에 맞춘 자원을 활용해 영향력을 침투시킬 수밖에 없다. 중국의 영향력 전략이 서구사회와 우리 사회에서 각각 다르게 관찰되는 이유다.

우리를 겨냥한 중국의 영향력 공작 전략에서 가장 두드러지게 나타나는 특징은 단연코 우리의 영토 주권 무력화다. 영토 주권을 무력화하는 것은 곧 무용지물로 전락시켜 버리는 것이다. 중국은 우리의 영토를 위협할 만한 행위를 일관되게 반복하면서 우리에게 점차 불감증을 심어주고 있다. 오늘날 우리 바다와 하늘에 중국군이 자의대로, 임의대로, 빈번하게 활보하는 것이 대표적인 사례라 할 수 있겠다. 우리가 현재 이들의 무단 침입에 전략적 경쟁 대응, 다시 말해 군대를 즉각 파견하여 대응하는 데 한계가 있는 것도 사실이다. 불과 일여 년 전인 2022년 11월 독도 하늘과 바다에 중국군 전투기와 군함이 출몰하였을 때, 출동한 것은 일본 자위대뿐이었다. 우리가 중국의 행태에 버거움을 느끼면 느낄수록 중국의 전략은 유효성을 발휘한다. 그리고 우리는 안보 불감증에 빠질 수밖에 없다.

1-7 한국의 영토 주권 무력화

중국이 우리의 바다와 하늘 주권을 무력화하려는 가장 큰 이유는 한미동맹의 폐기와 주한미군의 철수가 요원하기 때문이다. 한반도가 분단 상태로 남아있는 한, 미국의 그림자가 한반도를 떠날 일은 없다. 설령 한반도가 통일된다고 하더라도 이 두 문제의 해결을 보장할 수는 없다. 특히 한국이 주도한 통일 한반도에서 한미동맹과 주한미군 문제는 '해결'보다는 '보존'으로 갈 공산이 크다. 따라서 중국의 입장에서는, 이 문제를 우회적으로 해결할 방안 마련이 시급하다. 그리고 그 전략 방안은 결국 한미동맹과 주한미군을 한반도 및 주변 지역에서 위축시키는 것이다. 다시 말해, 한반도 주변 하늘과 바다에서 통제권, 제해권, 그리고 제공권을 제 것으로 선점하는 것이다.

우리 사회 내에서 반미, 반일 정서를 자극하여 한미동맹과 주한미군을 위축시키려는 것 또한 영향력 확대 공작 중 하나이다. 한국은 쉽게 양분화되는 내성을 지니고 있다. 중국이 쉽게 접근할 수 있는 약점이다. 이슈 하나만 조장하더라도 대한민국 사회는 홍해 바다 갈라지듯이 극명하게 나누어진다.

중국은 이런 구조를 십분 활용한다. 심지어 우리의 중국 포비아는 영향력 공작에 디딤판이 되기까지 한다. 우리 지도계층에서부터 의사결정권자에까지 중국의 보복을 두려워하는 사고가 팽배하다. 따라서 중국은 이슈 하나로도 우리 사회의 분란, 내분을 쉽게 일으킬 수 있다. 그리고 친중 세력이 다른 세력을 견인할 수 있도록 후방에서 지원만 하면, 목표 달성을 위한 밑거름은 확보된다. 뒷장에서 보겠지만 우리의 역대 정권은 중국에 대한 환상에서 벗어나지 못하는 경향을 많이 보였다. 국민의 자존심은 뒷방으로 밀어 놓은 채, 저자세로 외교 무대에 나서는 경우가 허다하다. 환상(妄想)에서 벗어나 포비아를 극복하는 일은, 통일처럼 요원해서는 안 된다.

2장

중국의 노림수, 미국 세력 퇴출

2-1 중국의 외교정책, 한반도의 현상 유지

중국의 대한반도 외교정책은 한반도의 '현상 유지'를 목적으로 한다. 1994년 중국 최고위 지도자로서 처음 한국을 방문한 리펑 (李鵬) 총리는 "중국은 한반도에서 긴장 완화가 지속되고 발전되어야 한다는 희망을 안고 한반도의 평화와 안정 유지에 노력해왔다. 한반도 남북 양측의 대화를 통한 관계 개선과 발전, 또한 독립적이고 평화로운 통일을 확고히 지지할 것"이라고 설명했다.[1] 다시 말해, 중국의 한반도 정책은 한반도의 평화와 안정, 평화적 수단을 통한 문제 해결, 그리고 남북 관계 개선을 통한 평화적 통일 달성이라는 목표를 가지고 있다. 이후 북한 핵 문제가 불거지면서 한반도 비핵화 역시 중국의 한반도 정책에 새로이

---

[1] "应邀对韩国进行为期五天的正式访问", 『人民日报』 1994년 10월 31일.

합류하였고, '평화적 수단을 통한 문제 해결'은 '한반도의 비핵화'로 대체되었다.

중국이 한반도의 평화와 안정을 강조하는 배경에는 남북한과 일궈낸 교차승인의 역사가 있다. 20세기 말 냉전의 벽이 흔들릴 무렵, 중국은 북한과 동맹 성격의 관계를 유지하는 한편, 한국과도 손을 붙잡았다. 1989년 6월 천안문 사태로 서구의 경제 제재가 중국을 침범하면서 경제 성장률은 4%대로 급격히 하락하였다. 당시 중국을 이끌던 덩샤오핑(鄧小平)은 1992년 2월, 〈남순강화(南巡講話)〉를 통해 개혁·개방을 견지해야 하는 이유를 설파했다. 그리고 서구의 제재를 극복할 타개책의 일환으로 한중수교가 주목받기 시작하였다. 한국에서 기술과 자본, 그리고 노하우를 전수받아 경제적 난국을 해결하자는 것이다.

덩샤오핑의 결단은 북한을 염두에 둔 이른바 '정경분리' 원칙으로 합리화되었다. 정치와 경제를 분리한다는 해당 원칙은 비(非)정치 군사 안보, 즉 경제 분야에서 한중수교와 관계 발전을 의미했다. 덩샤오핑은 남북한과 '등거리 외교'가 가능하다며 자신의 외교적 선택에 힘을 실었다. 오늘날 중국의 대한반도 정책 기조가 탄생하는 순간이었다.

문제는 중국이 한반도 내에서 자기 영향력을 확대하기 위해 여전히 분주하다는 점이다. 중국은 '중국이' 원하는 방식대로 '현상 유지'가 실현되길 바란다. 다시 말해, 한반도의 평화와 안정은 외세의 간섭 없이, 남북한 당사자 간의 대화와 협력을 통해서만 달성되어야 하는 것이다. 중국은 북한과 동맹관계를 유지하고 있지만 그의 내정에는 간섭하지 않는다고 자부한다. 오늘날 북한에 대한 영향력이 없다고 주장하는 이유다. 반면, 남한에는 한미동 맹과 주한미군으로 '외세'가 잔존하고 있다고 주장한다.

중국은 이러한 남한의 상황이 한반도 평화와 안정, 나아가 통 일에 적지 않은 악영향을 미친다고 생각한다. 최근의 실례로 2016년 사드(THAAD)[2] 사태를 볼 수 있다. 당시 중국은 미국의 전 략적 이익에 한국이 이용당하고 있다며, 미국은 자국의 전략 이 익을 위해 다른 나라(북한, 중국 등)의 안보 이익을 훼손해서는 안 된다고 지적했다. 더 거슬러 올라가면 중국은 북한의 핵 개발에 는 미국의 책임도 있음을 일관되게 주장하고 있다. 주한미군의 무기와 한미동맹의 연합군사훈련 규모가 부단히 증강과 확대를 거듭하는 상황에서, 북한이 방어 능력 향상을 통해 자위(自衛)를 추구하는 것은 자명한 결과라는 것이다. 이런 중국의 인식과 입 장은 2023년 3월 시진핑 중국 국가주석과 러시아 블라디미르 푸 틴 대통령과의 정상회담 공동성명문에서도 확인되었다. 공동성 명문에서 북한 비핵화 해결 방식으로 2017년부터 견지했던 종 전의 '쌍중단(한미 연합군사훈련과 북한의 군사적 도발 동시 중단)'과 '쌍궤 병행(한반도 비핵화 프로세스와 한반도 평화 체제 구축 병행)'에서 '쌍중단' 이 제외되었다. 이후 양국의 한반도 대표 회담에서도 같은 입장 이 회담 결과 발표문으로 재확인되었다.

통일문제에서도 중국은 미국에 책임을 묻는다. 해방 이후 들

2 THAAD(Terminal High Altitude Area Defense), 고고도 광역 미사일: 지역 방위용의 지상 발사형 탄도탄 요격 미사일을 의미한다.

어선 미군정은 한반도가 통일할 기회를 차단하였고, 통일된 이후 한미동맹과 주한미군의 처리 문제에서도 미국은 여전히 유보적인 자세를 견지하고 있다고 책망한다. 특히 한반도 미래에 대한 미국의 불분명한 입장은 중국이 적극적으로 한반도의 평화적 통일을 지지하는 데 걸림돌이라고 항변한다. 중국은 북한과 마찬가지로 한반도에 한미동맹과 주한미군이 존재하는 것을 상당히 불편해한다. 이런 상황에서 한반도가 통일되고 압록강 변까지 미군과 한미동맹이 활동하는 것을 달갑게 고민할 리 만무하다. 중국은 한민족이 독립 자주적으로 통일문제를 해결하길 원하며, 이를 전제로 한 한민족 통일을 굳게 지지한다.

2-2 주한미군 철수와 한미동맹의 폐기

중국이 보기에 한반도의 영구적인 평화와 안정은 한미동맹이 폐기되고 주한미군이 완전히 철수될 때 비로소 완성된다. 이러한 중국의 전략 목표는 중화인민공화국이 건국되기 이전인, 중국공산당 창당 당시에 이미 태동하였다. 미국을 제국주의 국가로 분류하면서 자연스레 퇴출 대상으로도 삼았기 때문이다. 물론 공산당이 탄생하던 당시의 주적은 영국과 일본이었다. 하지만 2차 세계대전의 종결과 함께 영국의 패권도 종결되었고, 일본은 패전국이 되었다. 유일하게 미국만이 제국주의 국가 대열에 남았고, 곧이어 찾아온 냉전의 세계에서 민주 진영의 수장으로 급속히 부상한 미국은 자연스레 공산 진영의 최대 적국이자 격퇴 대상이 되었다.

중화인민공화국 건국과 함께 미국과의 단교 및 조약의 폐기로 중국공산당은 중국 영토에서 성공적으로 미국을 퇴출해 냈다. 그러나 이와 별개로 중국 주변 국가는 미국과 동맹체계를 유지하면서 중국 봉쇄망을 형성해 갔다. 냉전의 긴장 속에서 미국은 중국에 대해 금수조치를 단행하는 한편, 중국공산당의 공산 혁명 수출을 저지하기 위한 동맹국과의 봉쇄망 강화에 주력하였다. 미국의 이러한 행동은 중국에 상당한 안보 위협을 선사했다. 좁아지는 포위망을 피해 중국이 취할 수 있는 최선의 전략적 선택은 공산 진영에 합류해 이른바 소련 '일변도' 정책을 견지하는 것이었다. 그 결과로 1950년 2월 중국과 소련 사이에 동맹이 체결되었다. 이는 중국이 국가 재건과 군사력 증강에 주요한 동력을 얻게 되었음을 의미했다. 특히 미국의 핵 위협에 대응할 핵무장을 시작할 수 있게 되었다. 1964년 첫 번째 핵실험 성공으로 핵보유국의 대열에 선 이후에도 중국의 미 제국주의 타도 목표는 사라지지 않았다.

중국이 바라보는 한반도 역시 예외는 아니다. 중국은 미국이 봉쇄정책의 일환으로 주변 지역에서 동맹체계를 강화하는 것에 핵무기보다 더 큰 위협을 느꼈다. 1950년대 초부터 미국은 인도차이나반도의 월남(베트남)에서부터 태국, 필리핀, 대만, 한국, 일본 등과 잇달아 일련의 동맹조약을 체결했다. 그리고 1954년부터 이를 집단안보체제로 승화시킬 수 있는 기반 마련에 주력하기 시작하였다. 그해 9월 출범한 '동남아'조약기구(Southeast Asian Treaty Organization, SEATO)는 절반의 성공이었고, 당시 미 국무장관이었던 존 덜레스(John Foster Dulles)는 8월부터 일본, 대만과 한국 등이 참여하는 '동북아'조약기구(Northeast Asian Treaty Organization, NEATO)를 설계하며 남은 성공을 도모했다. 그러나 SEATO가 1967년에 동남아국가연합(ASEAN)으로 전환 및 발전하였던 데 반해, NEATO는 미생으로 남았다. 한일 관계, 일본의 평화헌법, 주일미군과 미일동맹 등과 같은 다양한 정치·외교적 요소가 NEATO의 구현을 제약했기 때문이다.

미국의 반(反)중국 포석이 즐비한 상황에서 중국은 당연히 미 제국주의를 퇴출해야만 봉쇄 위협에서 벗어날 수 있다. 그리고 그 탈출은 미국의 동맹국을 선동하는 데서 시작된다. 다시 말해, 미 제국주의의 악행과 만행, 그리고 불순한 정치적 이유와 목표를 설파해 미국 동맹국 스스로가 문제를 자각하도록 유도하는 것이 핵심이다. 그렇게 된다면 그들은 미국과의 동맹관계를 파기하고 나아가 자국 내 미군을 퇴출할 것이다.

현재의 시점에서 중국은 직간접적으로 절반의 성공을 거두었다. 1974년 베트남전쟁 종결이 이듬해 통일로 이어지면서 월남은 사라지고, 미국과 월남의 동맹관계 및 미군 역시 자연스레 중국 주변에서 소멸했다. 1979년에는 미국과의 수교라는 일대 선택을 통해 대만에서 미국과의 동맹관계와 그 주둔군을 성공적으로 일소하였다. 반면, 필리핀의 경우는 조금 복잡하다. 1991년 필리핀 상원은 미군이 필리핀 기지를 연장 사용하는 데 반대표를 던졌다. 필리핀에 주둔하고 있던 미군은 이듬해인 1992년에 완전히 필리핀을 떠날 수밖에 없었고, 두 나라 간의 군사훈련 역시 몇 년 후 중단되었다. 그러나 미국과 필리핀은 동맹관계를 폐기하지 않았다. 취소 혹은 중단된 과거 조치들 역시 2010년대에 들어 점차 회복되기 시작하였다. 2011년에 양국은 폐기되지 않은 조약의 유효성을 재확인하는 데 이어 미군이 필리핀에 주둔이 아닌 임시로 정박과 체류하는 데 합의했다.[3] 중단된 양국의 연합군사훈련도 2013년부터 재개되었다. 중국의 미국 격퇴 작전에 제동이 걸린 것이다.

이제 중국 주변에 미국 동맹국으로 남아 있는 나라는 필리핀 이외에도 태국, 한국, 그리고 일본 등이 있다. 태국은 1954년 SEATO가 출범할 당시부터 중국이 위협으로 느끼지 않았다. 태국에 주둔하고 있는 미군 규모가 상당히 작은 수준을 유지하고 있기 때문이다. 대신, 태국은 전통적으로 주둔 기지보다 미군의 보급기지로서 더 큰 역할을 수행 중이다. 한국과 일본은 그러나 이야기가 다르다. 동아시아에 주둔 중인 미군 대부분이 현재 이 두 나라에 집중되어 있다.

다만 현재로서 중국은 미일동맹에 상대적으로 좀 더 관대하다. 위협보다는 자국의 안보 우려에 가깝기 때문이다. 중국은 일본이 군사적으로 강대해져 과거 제국주의로서의 영광을 회복하는 것에 그 누구보다도 우려가 크다. 과거 중국이 러시아/소련과 체결한 세 차례(1896, 1945, 1950) 동맹조약 제1조가 모두 일본을

---

3 "美军变相重菲律宾 企图 '包围'中国", 『中国日报』 2007年 10月 25日.

공동의 방어대상국으로 명명한 것이 방증이다. 오늘날 중국은 일본이 정상 국가가 되어 군국주의를 부활시키고 결국 군사 대국으로 재탄생하는 것을 극도로 경계하고 두려워한다. 때문에 아이러니하지만 이를 가장 효과적으로 억제하는 수단이 미일동맹이라는 점에 또한 이견이 없다. 중국은 더 나아가 미일동맹이 지역 평화와 안정에 기여하고 있다며 긍정적인 평가를 덧붙였다.[4]

   이러한 중국의 인식과 입장은 미중 두 나라가 관계 정상화를 추진하는 과정에서 형성되었다. 중국은 북한의 입장과 요구를 고려하여, 한반도 문제 해결을 미국과의 관계 정상화 결과로 포함하고 싶어 했다. 대만 문제 해결과 함께 한미동맹 파기, 주한미군 철수라는 세 마리 토끼를 모두 다 잡고 싶었다. 대신 미일동맹과 주일미군 주둔 문제에서는 미국의 입장과 인식에 적극 동의하였다. 대만 문제와 한반도 문제에서 중국과의 거리를 좀처럼 좁힐 수 없었던 미국은 일본 카드를 적극 활용했다. 대만에 있는 미군을 철수하고 나아가 한미동맹을 폐기한다면 한반도에 권력 공백이 양산될 것이고, 그 공백은 일본에 군국주의를 부활시킬 절호의 기회를 부여할 수 있다는 것이다.[5] 미국의 항변은 중국이 원하는 결과, 곧 미일동맹과 주일미군 문제의 해결이 도리어 중국에 악몽으로 다가올 수 있다는 점에서 설득력이 있었다.

---

4 Memorandum of Conversation, July 10, 1971, in FRUS, 1969-1976, Vol. 17, China 1969-1972, Washington, United States Printing Office, 2006, pp. 411-414.

5 Memorandum of Conversation, July 10, 1971, in FRUS, 1969-1976, Vol. 17, China 1969-1972, Washington, United States Printing Office, 2006, pp. 411-414.

한미동맹에 대한 중국의 인식 역시 미국과의 대화를 통해 점차 변화가 일었다. 미중 양국은 한미동맹과 북중동맹이 각각 남북한 간 도발과 전쟁 발발 가능성을 효과적으로 억제한다는 데 동의하였다.[6] 이는 다시 말해, 과거 냉전 시기와 마찬가지로 중국이 북한을, 미국은 남한을 실질적으로 관리한다는 것을 의미한다.[7] 더 나아가 중국은 한미동맹의 파기와 주한미군의 철수가 빚어낸 한반도 공백을 일본이 대체할 수 있다는 미국의 경고도 수용했다.[8]

그러나 머지않아 발생한 북한 핵 위기 사태가 중국을 급속히 과거로 돌려놓았다. 중국은 한국 사회에서 한미동맹 철폐와 주한미군 철수를 주장하고 있는 세력에 희망을 보고 있다. 더욱이 북한과 같은 입장을 견지하면서 공조한다면 희망이 현실로 이어질 수 있다는 확신을 가지고 있다.

중국의 인식 변화는 여러 경로를 통해 그 내용과 강도를 점차

6　Memorandum of Conversation, July 11, 1971, in FRUS, 1969-1976, Vol. 17, China 1969-1972, Washington, United States Printing Office, 2006, pp. 449-450; Memorandum from Kissinger to the President, July 14, 1971, in National Security Archive Electronic Briefing Book, No. 66: The Beijing-Washington Back Channel and Kissinger's Secret Trip to China (September 1970-July 1971), document 40, p. 18.

7　Memorandum of Conversation, July 11, 1971, in FRUS, 1969-1976, Vol. 17, China 1969-1972, Washington, United States Printing Office, 2006, pp. 449-450; Memorandum from Kissinger to the President, July 14, 1971, in National Security Archive Electronic Briefing Book, No. 66: The Beijing-Washington Back Channel and Kissinger's Secret Trip to China (September 1970-July 1971), document 40, p. 18.

8　1971년 미중 관계 정상화 협상에서 중국 총리 저우언라이는 미국 국가안보 보좌관 키신저(Henry Alfred Kissinger)에게 '원칙상' 주한미군 철수에 대한 중국의 입장은 불변하다고 설명했다. Memorandum of Conversation between Chou En-lai and Kissinger, June 22, 1972, FRUS, 1969-1976, Vol. 17, pp. 987-990 .

굳혀가고 있다. 첫 번째 경로로 중국은 6·25 전쟁의 정전협정을 평화협정으로 전환하자고 요구한다. 하지만 정전협정을 평화협정으로 전환하자면 한미동맹과 주한미군 문제가 우선 해결되어야 한다. 그래야만 평화협정의 존속을 담보할 수 있는 한반도의 영구적인 평화 체제가 구축 가능해지기 때문이다. 이런 맥락에서 자연스레 두 번째 경로가 부상한다.

중국은 한반도에 영구적인 평화 체제를 건립하는 문제에도 깊은 관심을 드러내었다. 하지만 이 역시 평화협정에 기반하기 때문에 한미동맹과 주한미군 문제의 완전한 해결을 요구한다. 결국 중국의 목표는 한미동맹과 주한미군의 제거, 일소에 있는 것이다.[9] 1990년대 말, 이 두 가지 문제를 두고 관련국인 남한, 북한, 미국, 그리고 중국이 4자회담을 진행했다.[10] 중국과 북한은 한마음 한뜻으로 입을 모았고, 이후 관련국들이 문제 해결을 위해 다시 모이는 일은 없었다.

마지막 경로는 가장 최근의 것으로, 중국이 제안한 북한 비핵화 방식에서 드러났다. 2017년 3월 중국은 이른바 '쌍중단(한·미

---

9 중국은 일찍이 1996년부터 평화 체제 구축에 대한 적극적인 입장을 공식 표명했다. 1996년 8월 26일 당시 중국외교부장 첸치천(錢其琛)은 한국 외교부 차관이었던 이기주에게 국제형세의 변화에 따라 한반도에 새로운 평화 체제의 건립이 필요하고, 중국은 이를 위해 건설적인 역할을 할 용의가 있다고 밝혔다. 朱鋒외 1명, "中国的外交斡旋与朝核问题六方会谈—为什么外交解决朝核问题这么难?", 『外交评论』 2006年 2月, pp. 23-31.

10 제5차 4자회담(1999년 8월 5-10일)에서 북한이 다시 강조한 미군의 철수, 정전협정의 폐기, 북미 간 평화협정 체결 등의 "일관된" 주장에 대하여, 중국 언론은 자국의 입장을 상세히 기술하지 않았다. 대신 북한의 일관된 주장을 정리하고 한미의 반대 입장을 지적하였다. 여기서 중국의 입장을 '긍정의 묵인'으로 해석할 수 있다. 李福兴, "'四方会谈' 为何难以取得进展", 『国际展望』, 1999年 第17期, pp. 7-9.

군사 훈련 중단과 북한의 핵 및 미사일 시험 중단)'과 '쌍궤병행(한반도 비핵화와 한반도 평화 체제 구축을 동시 병행)'을 북한 비핵화 방식으로 제안하였다. 이는 북한 역시 오랜 시간 주장하고 요구하던 바와 일맥상통하는 방안이었다. 특히 쌍궤병행 방안은 비핵화의 전제로서 평화 체제 구축을 주문하는 동시에, 평화 체제의 담보로서 비핵화를 설정한다.[11] 결국 평화 체제로 한반도에 비핵화를 구현하기 위해서는 한미동맹과 주한미군 문제의 완전한 해결이 우선되어야 한다는 전제적 논리가 다시금 환기되는 셈이다. 이렇듯 한반도 문제가 다국적 색채를 띠고 있는 탓에, 중국은 현재도 한반도 비핵화가 정치적으로 해결해야 하는 문제라고 주장한다.

쌍궤병행을 한반도 비핵화의 공식 방안으로 소개한 데서 알 수 있듯, 중국은 그와 맞닿은 한반도에서 미국의 흔적을 철저히 지우고자 한다. 현실적으로 중국은 이 문제를 해결해야 주변 지역에서 미국의 반중 장벽을 거두고, 나아가 '중화민족의 부흥'과 '중국의 꿈(中國夢)' 구현을 위한 전제조건을 충족할 수 있다. 주변 지역에서 장애물을 제거해야만 중국을 중심으로 하는 중화 질서의 외연이 확장, 그리고 강화될 수 있다는 뜻이다. 이는 나아가, 중국이 주도하는 새로운 인류 운명 공동체를 정립하고 확산할 수 있는 길목을 여는 첫걸음이기도 하다.

---

11 "何志工, 安小平, '朝鮮半島和平協定與和平機制', 『東北亞論壇』, 2008年 第17卷 第2期, pp. 30-36.

2-3 중국의 꿈과 한반도의 지정학적 가치

중국의 꿈은 중화민족의 부흥을 실현하는 것이다. 중화민족의 부흥은 1840년 아편전쟁 이후 1949년 중화인민공화국이 건국되기 전까지, 100여 년간 중화민족이 외세로부터 겪은 수모, 수치, 모욕, 치욕 등을 완전히 치유하였음을 의미한다. 나아가 과거의 수모를 딛고 일어서 다시금 세계의 중심 강국으로서 명예와 명성을 회복하는 것을 내포한다. 세계 중심적 강국이란 주변 지역을 호령하는 패자(霸者)로, 결국 중국은 19세기 서양 열강이 동아시아로 밀고 들어오기 이전, 자신을 중심축으로 움직였던 중화 질서의 복원과 재건을 열망하고 있다. 그리고 이를 기반 삼아 인류 운명 공동체를 실현하고 외연을 부단히 확장해 나가고자 한다.

그림 1 **1927년판 중국 지도**

이런 중국의 꿈과 인류 운명 공동체 구상에서 보면 중국은 주변 지역에서 외세를 축출하고 자신이 다시 주변 지역을 지배하는 지역 질서를 확립하려 한다. 이 지역 질서의 범위는 중국 대륙에 기초하며 중국과 접경하는 지역을 포함한다. 북으로는 몽골지역, 서북쪽으로는 중앙아시아, 서남쪽은 인도차이나반도, 남쪽으로는 남중국해, 동서쪽으로는 대만을 포함한 동중국해, 서쪽으로는 황해(우리의 서해, 남해, 동해), 서북쪽으로는 북한 접경지대 및 한반도와 발해만 등의 지역을 포괄한다.

중국은 이들 지역을 자국의 주변 지역으로 규정할 뿐만 아니라, 이들에 대한 방어 의무마저 자신에게 부여한다. 그 결과 탄생한 것이 이른바, '9단선(Nine-dash line)'과 '제1도련선(First Island-chain, 제1열도선이라고도 한다)'이다. 9단선은 본래 11단선이었다. 1947년 중국 국민당 정부는 공식 지도를 제작하면서 남중국해의 해상 국경선을 획정한다는 의미로 U자형의 가상 경계선, 11단선

그림 2-1 **중국의 남중국해 영유권 주장 지도**

그림 2-2 **남중국해 영토 분쟁 지역**

을 설정하였다. 그러나 중국공산당이 집권하고 1953년, 프랑스와 해방전쟁을 치른 베트남과 중국 간의 관계가 개선되자 중국공산당 정권은 2개의 단선 해상 지역을 베트남에 양도했다. 그 결과 11단선이 오늘날의 9단선으로 남게 되었다. 중국은 9단선을 기준으로 남중국해의 80%를 자신의 영해로 규정한다(그림 2 참조).

9단선이 중국이 결정한 자국 영해의 경계선이라면, 제1도련선은 중국이 1982년에 획정한 최후 해상 방어선 전략 개념이다. 반대로 미국의 관점에서 이는 서태평양의 최전선 해상 방어선이다. 주목할 만한 점은 중국보다 미국이 먼저 도련선 전략(island chain strategy)을 수립하고 소개하였다는 사실이다. 이에 관해서는 두 가지 설이 있는데, 하나는 1941년 일본이 진주만 공격을 개시

그림 3 **중국 11단선과 9단선**

하기 전으로 돌아간다. 당시 미군을 지휘하던 더글라스 맥아더 (Douglas McArthur) 장군은 일본의 공격 가능성을 저지하기 위해 방어 지역을 하와이, 괌과 필리핀으로 정의했는데, 이들을 이은 선이 도련선 전략으로 조기에 소개되었다. 그리고 이후 6·25 전쟁이 한창이던 1951년에 덜레스 미 국무장관이 소련과 중국에 맞서 도련선 전략을 미국의 외교정책에 포함하면서 전략적 해상 봉쇄 개념(strategic maritime containment plan)이 수립되었다. 서태평양 지역에서 소련과 중국의 해군기지를 포위하는 한편, 군사력을 투사하여 이들이 미국의 서태평양지역으로 접근하는 것을 저지하는 데 목적을 둔 해당 개념은, 현재도 최전선 방어선의 개념으로 유효하게 작동 중이다.

그림 4 **제1도련선 방어라인**

역사적인 관점에서 볼 때, 제1도련선은 다양한 시기에 각기 다른 목표를 가진 채 해상 위를 지나갔다. 앞서 설명하였듯 제2차 세계대전과 냉전은 도련선에 각자 다른 목표를 부여하였다. 하지만 근본적인 목적은 같았다. 이 선을 제일 처음 전략적으로 획정한 미국으로서는 적국의 공격을 방어하고 공산주의가 확장되는 것을 저지해야만 했다. 이들 시기 외에도 미국은 제1도련선을 따라 자신의 최전선 방어선을 또 한 번 획정하였다. 바로 6·25 전쟁이 발발하기 몇 달 전의 1950년이었다. 미국은 극동아시아지역 개념에서 공산주의에 대한 방어선을 구획하였는데, 이것이 당시의 미 국무장관 딘 애치슨이 그린 이른바 '애치슨 라인(Acheson line)'이다(그림 5 참조).

제1도련선과 애치슨 라인으로 이름은 다를지언정, 미국이 정의한 방어 지역과 노선은 거의 일치한다(그림 6 참조). 안타깝게도 한반도는 미국의 방어 지역과 방어선에서 제외되었다. 한반도

그림 5 **1950년에 획정된 애치슨 라인**

그림 6 **애치슨 라인과 제1도련선**

그림 6 **애치슨 라인과 제1도련선**

배제가 북한에 상황을 오판할 여지를 제공하고 결국 6·25 전쟁이라는 참사로 이어졌음은 이미 우리 모두에 익숙한 사실이다. 오늘날의 미국 최전선 태평양 방어선에도 한반도는 여전히 열외로 남아 있다. 하지만 1950년과는 다른 점이 하나 있다. 한미동맹과 주한미군의 존재다. 애치슨 라인이 발표되었을 무렵 한국과 미국 사이엔 동맹조약이 존재하지 않았다. 주한미군 역시 아직 주둔하기 전이었다.

1950년과 상반된 상황은 한국과 미국에게 굉장한 전략적 이점을 선사한다. 한미동맹과 주한미군이 중국의 최후 해상 방어선 중심부에 위치하기 때문이다. 중국에게 이들의 존재는 그야말로 눈엣가시다. 중국이 이들의 공격을 방어하는 데 집중하면 할수록, 중국의 제1도련선 범위는 점차 줄어든다. 중국의 제1도련선은 자연스럽게 북상하고, 중국에 대한 한미 양국의 위협 압박 수준은 반대로 점차 강화된다. 다시 말해, 중국을 근거리에서 군사적으로 압박할 수 있는 공간이 커지는 것이다. 미국과 다른 동맹(일본, 필리핀, 대만 등)의 군사적 반격도 한층 수월해진다. 미국 동맹 세력의 압박 전선이 큰 장애 없이 중국을 효과적으로 위협할 수 있을 만큼 북상할 가능성 또한 비례하여 상승하기 때문이다.

이런 가상시나리오에 대비해 중국은 한반도의 한미동맹과 주한미군의 군사적 공격 능력을 무력화(無力化)하고자 한다. 이를 위해 중국이 결정한 전략적 선택은 제1도련선에 포함된 한반도 바다와 하늘을 자신의 통제권으로 구속하는 것이다. 중국의 해상 작전전략은 연안과 제1도련선 내의 바다를 지키는 선에서 출발한다. 1953년에 한미동맹조약이 체결되지 않았더라면 중국으로서는 이 지역의 바다와 제1도련선을 수호하기가 상당히 수월했을 것이다. 하지만 한미동맹조약이 체결되고 미군이 잇달아 남한에 주둔하기 시작하면서 상황은 급속도로 복잡해졌다. 남한보다 더 거대한 미국 요소를 의식하지 않을 수 없게 되었다. 더욱이 한국의 국력과 군사력 역시 빠르게 성장하면서 한미연합군이 중국에 주는 불쾌감과 위협감은 갈수록 커지고 있다.

바다와 하늘에서 미국을 견제하고 일소하겠다는 중국의 목표에 토대를 마련한 것은 류화칭(劉華淸)이다. 중국 해양 군사 전략의 아버지로 알려진 그는 도련(島連) 전략을 제안하였는데, '제1도련선'은 오키나와를 시작으로 대만을 지나 남중국해로 연결되고, '제2도련선'은 사이판에서 출발하여 괌을 지나 팔라우 군도로 이어진다. 1980년대 중반 전까지 중국의 해양전략은 연안을 방어하는 데 머물렀다. 하지만 1985년 중국 중앙군사위원회가 외부의 침입을 제1도련선에서 방어하는 것으로 결정하면서 근해(近海) 적극 방어 전략으로 확대되었다.

중국 해양전략의 지리적 방어 개념은 근해, 중해(中海)와 원해(遠海)로 나뉜다. 근해는 통상 200해리 내를 의미하지만, 중국에게 이는 무용지물이다. 중국은 200해리를 넘어도 중국의 주권이 미치는 영해이기 때문에 근해작전개념의 방어 대상이라고 주장한다. 중국이 자신의 근해작전개념을 구체화한 때는 1986년이다. 당시 류화칭 사령원은 『해군전략과 미래 해상 작전』이라는 보고서를 통해 근해해역의 개념을 정의했다. 그에 따르면, 중국의 근해는 남중국해를 시작으로 대만의 남단을 지나 동중국해와 발해, 황해 등으로 이어진다. 우리의 서해와 남해까지 자연스레 포함된 정의였다.

다음으로 중해는 200~600해리 내의 모든 해역을 의미한다. 이 지역은 제2도련선 내의 해역을 다시 북·중·남, 세 구역으로 나누는데, 북측 해역은 일본해(우리의 동해), 남측은 남사군도와 말라카해협을 포함한 남중국해 전역을 의미한다. 마지막으로 중간 해역은 제1도련선과 제2도련선 사이에 존재하는 필리핀해와 마리아나 트렌치 지역(Marianas Trench)을 포괄한다(그림 4 참조).

일본해(우리의 동해)와 관련된 북측 해상작전지역 개념은 1987년에 소개됐다. 류화칭 사령원은 『해상교통선의 작전문제』라는 연설에서 블라디보스톡과 오호츠크해, 그리고 일본해를 모두 북쪽 해상작전지역으로 정의했다. 우리의 동해 역시 포함되었음은 말할 것도 없다.

이들 작전해역에 대한 관리도 류화칭 사령원이 수립하였다. 그는 우선 관리 목적을 평시(平時)와 전시(戰時) 등 두 가지 상황으로 분류했다. 평시의 목적은 해양주권을 수호하는 제해권(制海權)과 해상통로의 안전을 위한 통제권을 확보하는 것이다. 그리고 전시의 목적은 작전 수행 능력과 핵 공격에 대한 반격 능력을 갖추는 데 있다.

이러한 작전 개념을 근간으로 중국은 2009년부터 우리의 영해와 공해 마저 자국의 바다로 규정하는 데 적극적으로 나서고 있다. 당시 출판된 『2008 중국 국방백서』에서 중국은 '원해' 개념을 처음 소개하였는데, 이는 근해와 원해 두 해양 지역의 방위 개념을 하나의 작전전략으로 승화시키기 위한 포석이었다. 중국은 더불어 근해 종합 작전 능력의 전면적인 향상을 강조했다. 이후 2013년 4월에 출간된 『2012년 중국 국방백서: 중국 무장 역량의 다양화 운영』에서는 원해의 기동 작전 능력 개념을 소개하였다. 2008년 국방백서에서 강조한 근해 종합 작전 능력의 전면적인 향상과 연속성을 갖는 대목이다. 2년 뒤 출판된 『2014년 중국 국방백서: 중국 군사 전략』은 중국 인민 해군의 근해 방어와 원해 수호의 결합을 전략화하는 개념을 제시했다. 그리고 이 개념의 유효성을 입증이라도 하듯 중국은 러시아와의 연례 연합 해상 군사훈련을 처음으로 서양의 안방이라 할 수 있는 원해, 곧 지중해에서 단행하였다.

1980년대에 해상작전전략개념이 수립되고 1990년대 말부터 인민해방해군을 '블루 해군(Blue Navy, 원해 해군)'으로 전환하기 위한 군사 현대화가 본격적으로 추진되었다. 해군력이 증강되자 중국은 일련의 해상 훈련을 개진한다. 2012년부터는 러시아와 연례적 연합 해상 훈련도 진행하였다. 중러 양국은 해군작전을 수행하면서, 각자의 근해 방어 작전 훈련 당위성과 이동 경로 확장의 필요성을 이유로 일본해(우리의 동해)와 서해를 넘나들기 시작하였다. 때로는 우리의 중간선 지역, 잠정수역 지역과 영공 부근을 지나간다. 중러는 합동으로 혹은 독자적으로 우리의 주변을 침범하고 있다.

중국이 근해에서 연합훈련을 진행하기 위해서는 명분이 필요했다. 군사훈련으로 주변국을 자극할 수 있었기 때문이다. 중국은 2010년 3월 발생한 우리의 천안함 폭격 건을 명분으로 삼았다. 천안함이 북한 잠수정의 어뢰 공격에 침몰했으므로 한미 양국의 군사 당국은 서해에서 대잠수함 연합훈련을 시행하겠다는 계획을 발표했다. 그러나 중국외교부 대변인은 '황해(우리의 서해)'를 중국의 '앞바다(front water)'로 지칭하며 한미 양국의 해상 연합군사훈련을 용인하지 않겠다는 날 선 경고를 날렸다.[12] 이에 한미 군사 당국은 중국에 불필요한 자극을 주지 않기 위해 동해

---

12 Xinhua.net, June 6, 2010,
http://news.xinhuanet.com/world/2010-07/06/c_12305072.htm(accessed June 7, 2010); Yonhap News, July 7, 2010; Chinese Foreign Ministry Spokesperson's Press Briefing, July 8, 2010,
http://www.fmprc.gov.cn/chn/gxh/tyb/fyrbt/jzhsl/t714888.htm(accessed July 11, 2010, and July 13, 2010),
http://www.fmprc.gov.cn/chn/gxh/tyb/fyrbt/jzhsl/t716403.htm(accessed July 16, 2010).

상에서 훈련하기로 결정했다. 이후 2023년까지 한미 해상 연합 훈련은 동해에 국한되었다.

2023년 2월과 3월, 한미동맹은 천안함 폭침 이후 처음으로 서해 상공에서 한미 연합 공중 훈련을 개시했다. 3월 훈련에는 미 항공모함인 에이브러햄 링컨함(USS Abraham Lincoln)이 참가하며 연합 해상 기동 훈련까지 진행되었다. 미 항모가 서해를 항행한 것은 2012년 조지 워싱턴(USS George Washington) 이후 처음이다. 9월에는 소형 항공모함급에 해당하는 미국 해군 강습상륙함 아메리카함이 한국과 캐나다 해군의 호위함과 함께 서해에서 연합 훈련을 진행하였다.

2-4 주한미군 철수와 한미동맹 폐기가 절실한 중국

중국은 세계 속의 한국, 한반도 속의 한국을 한미동맹과 지정학적 전략 관점에서 인지하려 한다. 우선 한미동맹의 관점에서 보면, 중국은 한국을 미국의 동맹체제에서 가장 약한 고리로 판단하고 있다. 앞서 보았듯, 이는 한국의 민주화와 한미동맹의 구조와 성격에 변화가 발생한 결과다. 한미동맹이 미국의 그 어느 동맹보다 더 수평적이고 평등한 관계가 되면서 중국은 점차 인식을 바꿔나가기 시작하였다. 또한 한국의 민주화로 친중 성향이 강한 진보정권이 한미동맹의 약한 고리를 더욱 자극할 수 있다는 기대 또한 점차 커지고 있다. 심지어 중국은 한국의 진보정권이 친중 성향과 더불어 한미동맹의 자주성을 요구하며 동맹으로부터 자유로워지려는 극단적 사고마저 내재하고 있음을 간파했다.

지정학적으로 한국은 중국의 중심, 즉 수도인 베이징(北京)을 비롯해 연해 발전 도시와 제일 근접해 있다. 또한 중국 주변 국가 가운데 민주화를 가장 성공적으로 이룩한 나라로 손꼽힌다. 따라서 중국 입장에서 한국은 다른 한편, 중국에 민주주의 가치와 이념을 가장 근거리에서 가장 크게 설파할 수 있는 민주주의의 전초기지로 가장 경계해야 할 대상이다. 확대 해석이기는 하지만, 중국이 한국 주도의 한반도 통일을 반대하는 이유가 여기 있을지도 모른다.

미국 동맹체제의 관점에서 보면 중국은 한미동맹의 심화와 확대를 우려하지 않을 수 없다. 이는 곧 동북아 내 한미동맹과 미일동맹의 결탁을 의미한다. 또한 미국이 추진하고 있는 '인도-태평양 전략'과 '쿼드(QUAD, 미국, 일본, 호주, 인도 4국 안보 협의체)'의 의도와도 일치한다. 중국은 오랫동안 미국 동맹체제가 일본의 군사적 역량과 영향력 확대를 억제하는 데 주력할 것이라고 기대했다. 그러면서 미일동맹과 한미동맹을 긍정적으로 평가해 왔다. 중국은 한국이 동아시아 대륙으로 군사력을 확장하려는 일본을 철저히 막아설 방파제가 되어주길 내심 기대한다. 한국의 전략적 가치를 높게 평가하는 이유다.

그런데 중국이 부상하면서 중국 주변국들의 안보 우려는 심화되고 있다. 중국에 대한 위기감이 고조될 때 중국의 주변 나라들은 전통적으로 연합이나 동맹을 모색해 왔다. 우리나라도 예외는 아니다. 다만 주변국들의 연합이 중국을 위협할 수준에까지 이른다면, 전통적으로 중국은 즉각 주변국과의 분쟁 혹은 안보 딜레마를 조장하는 방식으로 대응했었다. 그러나 냉전이 시작된 뒤에는 아무리 제 세력이 성장 궤도에 있어도, 중국은 과거 미국과 소련처럼 군비경쟁이나 무력 충돌은 회피하려 하였다. 이는 외부와의 충돌 혹은 전쟁을 중국 내부 불안의 원천이자 국력을 소진하는 주요 원인으로 인식하기 때문이다. 어떤 상황이 다가오든 중국은 자신의 주변 환경 및 지역 질서에, 불리한 변화가 오는 것을 절대 달가워하지 않는다.

비근한 예로 중국은 1949년 건국 이후 군사적, 정치적, 사상적 갈등 등으로 외세의 포위를 여러 차례 경험하였다. 50년대 초에는 6·25 전쟁을 계기로 미국의 포위망과 맞닥뜨렸고, 60년대부터 80년대까지는 소련의 포위망에 갇혀 지냈다. 21세기에는 미국의 '재균형 전략(pivot to Asia 또는 rebalancing strategy)'으로 인해 또다시 포위망이 구축되지 않을까 하는 우려에 심란해하고 있다. 이 모든 미국의 전략에 한국은 늘 중심에 있었다.

2-5 인태전략과 쿼드의 군사화

지금 중국이 가장 주시하는 것은 '인도-태평양 전략'과 '쿼드(Quad)'[13]의 군사화 가능성이다. 베이징은 과민할 정도로 이의 경과를 예의주시하고 있으며, 특히 우리나라의 참여에 온 신경을 집중하고 있다. 주변국의 변화와 대응에 중국이 이렇듯 민감한 이유를 다음과 같이 정리해 볼 수 있다.

첫째, 전통적 대륙 국가로서 중국은 주변국이 외세와 유대나 연합, 혹은 동맹관계를 맺고 강화하는 데 '노이로제'가 있다.[14] 주변부의 연합이 곧 자신에 대한 포위망임을 중국은 적지 않은 역사 경험을 통해 이미 학습하였다.

둘째, 대륙 국가로서 중국은 오랜 시간 '세계의 중심' 권좌에 머물렀다. 때문에 중국은 19세기와 마찬가지로 주변 지역에 '외세'가 출현하여 자신을 위협할 가능성을 극도로 경계한다. 그 덕에 중화인민공화국 건국 이후부터 지금까지 중국의 지상 최대 국가 과제 중 하나는 주변 지역에서의 '외세' 축출이다. 중국이 주한미군 철수와 한미동맹 해체를 강하게 주장하는 이유가 바로 여기에 있다.

셋째, 중국은 지역 질서 구상에서 '외세' 격퇴를 유일의 불변한 원칙으로 삼았다. 위에서 언급하였듯 이는 중국공산당의 오래된 그리고 가장 강력한 갈망이다. 냉전 시기 중국의 의지는 '반미, 반제국주의 타도와 격퇴'라는 정치·군사적 기치로 표출

---

13 쿼드(Quad)는 4자 안보대화 또는 4개국 안보회담(Quadrilateral Security Dialogue)을 말한다. 미국과 미국의 인도-태평양 지역 핵심동맹국인 일본과 호주, 미국의 동맹국은 아니지만 일부 안보 사안에서 협력하는 인도를 합한 4개국이 국제 안보를 주제로 가지는 정기적 정상 회담, 또는 회담을 통해 구현되는 체제를 말한다. 초기에는 외교장관급 회담이었지만, 정상급 회담으로 격상됐다. 쿼드는 미국이 주도하는 '자유롭고 열린 인도-태평양(Free and Open Indo-Pacific, FOIP)' 전략으로, 사실상 '일대일로(一帶一路)'로 대표되는 중국의 패권주의 야망을 견제하기 위한 성격이 짙다.

14 "陶文釗著, 『中美關係史 1949-1972 (中卷)』(上海: 上海人民出版社, 2004), p. 102.

되었다.[15] 탈냉전 시기에는 '반미, 반제국주의'와 같은 노골적인 표현을 자제하는 대신, '외세(foreign influence)'나 '외부요인(foreign factors)' 등으로 그들을 꼬집었다. 그리고 주변 지역에 외세의 접근(침투)을 허용(경고)하는 '마지노선(제1도련선)'을 설정하였다.

마지막으로, 탈냉전과 함께 중국은 지역 질서 구상에서 '마지노선'을 영해 공간과 경계선으로 확장하였다. 냉전 시기에 중국은 육상국경선으로 마지노선을 대신했다. 그러나 오늘날 중국은 자신의 영해를 9단선과 제1도련선 내에 속한 해역으로 정의한다.[16] 냉전 시기에 중국이 주장하는 주변 지역에서의 외세 퇴출은 이 지역에 주둔하고 있는 미군의 퇴출을 의미했다. 하지만 탈냉전인 지금에는 한층 더 나아가 외부 해군력의 활동 일체를 강력히 반대하고 있다. 이의 구현을 위해서라도 중국은 미군과 미군기지, 미국이 체결한 동맹조약 등이 철저히 일소된 지역 질서의 확립을 추구 중이다.

---

15 Arthur Waldron, "The Warlord: Twentieth-Century Chinese Understandings of Violence, Militarism, and Imperialism," The American Historical Review, Vol. 96, No. 4, 1991, pp. 1073-1100; 杨奎松, "新中国的革命外交思想与实践", 『史学月刊』, 2010年 第2期, pp. 62-74.

16 鲁郅, "审视中国周边的 '岛屿锁链'", 『军事展望』, 2001年 第6期, pp. 62-66; 张政, "'南海九段线'历史地位和法律性质述评", 『法制博览』, 2015年 6期, pp. 28-31.

2부

영토 주권 위협과 포비아 전략

3장

영토 주권에 대한 중국의 영향력 위협

3-1 영토 주권 위협은 아주 예외적

중국이 다른 나라에 영향력을 펼칠 경우 그 나라의 영토 주권을 대상으로 하는 경우는 매우 드물다. 아니, 없다고 해도 과언은 아니다. 대한민국을 제외하면 말이다. 동남아 국가와 해상 영토분쟁 문제가 존재하기는 하지만, 우리의 해상을 중국군이 침범하는 빈도수와 비교해 보면 현저하게 낮다. 우리와도 이어도를 중심으로 잠재적인 해상 영토분쟁을 벌이고 있으나, 중국은 그 이외의 바다에서도 빈번히 제 세력을 과시하고 있다. 서해상에서 한중 양국의 중간선은 사실상 중국의 앞마당으로 전락해 버렸고, 우리의 배타적경제수역(EEZ) 역시 중국 군함으로 붉게 물든 지 오래다. 가령, 2020년 우리의 백령도 앞바다에 중국 군함이 출몰한 것은 대한민국이 건국된 이래 유례없는 사태였다.

이처럼 중국은 무소불위의 태도로 우리의 영토 주권에 끊임없는 위기와 불안을 심어주고 있다. 그리고 그 대상은 해상을 넘어 우리의 영공과 하늘에서도 빈번히 이루어지고 있다. 중국인민해방공군(PLAF, 줄여서 '중국인민공군')은 이를 단독으로 행하는 것도 모자라 러시아 공군과 합세하여 우리의 하늘을 마음껏 휘젓고 있다.

여기서 우리는 중국이 왜 유독 우리의 영토 주권에 영향력 공작을 펼치는지 따져 묻지 않을 수 없다. 앞 장에서 보았듯 중국의 궁극적인 한반도 전략 목표가 그 이유일까? 중국의 최대 목표는 한미동맹 폐기와 주한미군 철수다. 하지만 현실적으로 이 목표의 실현 가능성은 희박하고, 설령 실현된다고 하더라도 매우 요원한 미래에나 가능할 것이다. 그때까지 중국은 제1도련선 내에서 자신의 연근해 지역을 효과적으로 방어하기 위하여 한미동맹과 주한미군을 최대한 무력화해야 한다.

중국은 특히 2016년 이후부터 우리 영토 주권을 반복적이고 무자비하게 침범하기 시작하였다. 오늘날도 마찬가지다. 우리의 경고, 군사적 대응에도 불구하고 중국은 엄연히 독립된 주권을 가진 우리에게 불법적이고 위협적인 군사적 도발 행위를 멈추지 않고 있다. 한미동맹과 주한미군을 무력화한다는 중국의 관점에서 보면, 이는 일종의 '반복 학습'이다. 침범을 반복하여 우리의 안보 불감증을 키우려는 노림수인 셈이다. 그리고 그 누적 효과를 보려는 것이다.

초기의 침범은 대단한 뉴스거리로 국민의 이목을 단숨에 사로잡을 수 있다. 하지만 이것이 되풀이되다 보면 국민은 점점 무덤

덤해지고 심지어 무관심해질 것이다. 실제로, 중국어선이 우리 바다까지 들어와 불법조업을 하고 있다는 뉴스는 이제 대수롭지 않게 여겨진다. 우리와 중국의 임시 해양 경계선으로 여겨지는 서해상의 이른바 '중간선' 지역이 중국 군함의 출퇴근길로 전락해 버렸음에도, 이를 다루는 언론은 찾아보기 어렵다. 우리의 방공식별구역(KADIZ)에 중국 전투기가 침범 혹은 근접 비행해도 마찬가지다. 관심을 두지 않는다면 이런 일이 발생했는지 모르고 지나갈 때가 부지기수다. 우리 사회의 관심과 경각심이 계속해서 낮아진다면, 중국은 앞장에서 설명한 우리의 바다와 하늘을 자국화(自國化)하려는 해상 작전전략 목표에 반대로 더욱 가까워질 것이다.

3-2 해상 국경선 부재를 이용하는 중국

대부분의 나라들과 마찬가지로 우리와 중국 사이에는 해상 국경선이 존재하지 않는다. 우리나라와 일본 사이에도 해상 국경선이 없다. 대신, 임의로 획정한 중간선, 배타적경제수역 등의 규범 지역이 국경선을 대신한다. 이렇듯 다소 불안정해 보이는 상황은 국제법이 제시하는 기준을 대부분의 나라가 수용하기 어려워하는 데서 비롯된다. 예를 들어, 중국과 같은 대륙 국가는 해저에 연장되는 대륙붕을 기준으로 삼고 싶어 한다. 반면 대륙붕이 상대적으로 짧은 나라들은 이를 거부한다.

많은 나라들이 해상 영토분쟁을 겪는 데에는 공통된 원인이 있다. 바로 '어디까지를 영토로 볼 것인가?'하는 획정 기준이다. 대륙 국가는 대륙 국가의 전통적인 획정 방법에 따라 대륙붕을 기준으로 삼고 싶어 한다. 대표적인 나라로 중국이 있다. 반대로, 우리는 한중 간의 해역이 좁고 중첩되는 지역이 대부분이기 때문에 중국이 제시한 기준을 수용하기 어렵다. 1994년에 발효된 UN 해양법 협약은 연안국이 연안으로부터 최대 200해리(약 370km)까지 배타적경제수역을 설정할 수 있다고 규정하였다.

그림 1-1 **동경 123도선과 124도선**

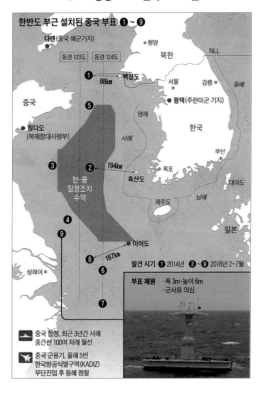

그러나 한반도 주변 수역은 대부분 그 폭이 400해리 미만이다. 한중 양국 사이의 해역도 폭이 최소 184해리(약 340km), 최대 400해리(740km) 정도에 불과하여 중첩지역이 대부분이다. 서해상에서 중국과 한국의 배타적경제수역이 겹치는 구간이 생길 수밖에 없는 것이다. 배타적경제수역의 획정 방식을 놓고 양국이 치열하게 공방을 벌이는 이유가 여기에 있다.

대륙붕 기준을 거부하는 나라들은 UN 해양법의 대안 중 하나인 '중간선' 획정 방식을 선호한다. '중간선' 획정 방식은 연안국이 각자의 해역에서 등거리로 중간선을 획정하는 것이다. 이는 해역

그림 1-2 **한중의 경계선 주장 비교도**

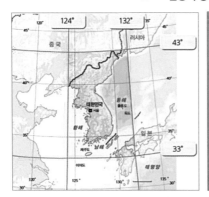

이 좁고 배타적경제수역이 중첩되는 지역이 많은 나라들 사이에서 흔히 적용되는 방법이다. 북한과 중국은 1962년에 동경 124도를 기준으로 해상 경계선 획정을 결정했다. 중국은 이를 이남으로 연장해 우리와의 서해 해상 경계선으로 똑같이 적용하고자 한다.

그러나 우리의 입장에서 중국의 제안은 수용하기 어렵다. 우선 우리 기준에서 배타적경제수역을 설정하게 되면 그 경계는 동경 123도에 육박한다. 중국의 제안을 수락한다면 경제수역은 우리 연해 안쪽으로 더 들어오기 때문에 축소되고, 바다 위에서 우리의 권리마저 후퇴할 것이 뻔하다. 따라서 우리는 경제수역

그림 1-3 **한일중 해상 경계**

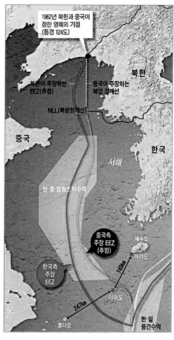

을 우선 획정하고, 그 후에 해상 경계선을 구획해야 한다고 주장한다.[1] 더욱이 동경 124도를 경계로 획정할 경우, 서해의 70% 이상이 중국 관할로 흡수된다. 당연하게도 우리 정부는 이를 절대 용납할 수 없다는 태도를 견지 중이다.

중국이 이같이 주장하는 이유는 이른바 '형평성 원칙'에 근거한 것이다. 이는 해안선 길이나 해저 지형, 대륙붕, 그리고 거주민 수 등을 고려해 중간보다 동쪽에 선을 그어야 한다고 주장한다. 중국의 주장은 자신의 지리적, 인구학적 특수성을 고려한 '형평성' 원칙이다. 하지만 이것이 관철된다면, 우리의 이어도가 중국 영해에 포함되는 것은 물론, 우리의 영토 주권 역시 매우 불리한 처지에 놓이게 될 것이다.[2]

서해 해상 경계선 문제를 두고 한중 실무진은 1990년대부터 협상 테이블에 둘러 모였다. 2015년부터는 국장급들이 해당 문제를 다루기 시작했다. 이후 세 차례의 국장급 협의가 개최되었지만 영토 주권과 관련된 무척 민감한 사안이기 때문에 진전은 미미한 상황이다. 현재로서는 해상 경계선의 대안으로 배타적경제수역에 의존하고 있다. 하지만 배타적경제수역에서의 군사적 활동을 두고 한중 양국이 입장 차이를 드러내면서 우리의 안보에 또다시 비상등이 켜지고 있다.

중국은 전통적으로 영토 주권에 민감한 태도를 보인다. 따라서

---

1 한중 양국 사이에 우리가 주장하는 배타적경제수역은 국제법 상에서 규정하는 200해리 해역이 아니다. 대신, 일시적으로 설정된 우리의 "경제 주권 관할 해역"을 의미한다. 본 절에서 언급하는 "배타적경제수역"은 이를 의미한다.
2 "한중 해양경계확정 회의 개최…'협상 동력' 유지," 『중앙일보』, 2021년 3월 4일.

다른 나라가 연안국의 허가 없이 배타적경제수역 내에서 군사 활동을 진행하는 것을 극도로 반대하고 경계한다. 하지만 다른 한편, 타국의 배타적경제수역에서는 자유로운 군사 활동이 보장되어야 한다고 주장한다. 사실 이는 강대국의 공통된 입장이다. 미국도 예외는 아니다.[3] 반면 우리는 배타적경제수역의 평화적인 목적, 곧 민영 선박의 항행의 자유, 민용기의 상공 비행의 자유, 그리고 적법한 해양 이용의 자유 등을 강조하며 이를 준수해야 한다고 주장한다. 즉, 군사 활동이 필요한 때에는 상대국에 사전 통보하고 허가받을 것을 주문한다. 그렇지 않은 군사 활동은 배타적경제수역의 평화적 목적에 위배되는 것이기 때문에 단호히 반대한다.

배타적경제수역 협상이 난항을 겪자 한국과 중국은 2001년 4월 5일 "한중 어업협정"을 체결하면서 배타적경제수역 제도의 적용을 유보하였다. 그리고 이른바 '잠정조치수역'을 설정하였다. 이는 한중 양국 간 해상 경계선 획정의 어려움을 방증한 사례다. 해상 경계선의 획정이 배타적경제수역의 획정을 전제하기 때문이다. 동시에 해당 조처는 한중 양국에게 배타적경제수역은 현재로서 무의미함을 뜻한다. 결국 한중의 해상 경계선이 여전히 불분명한 지금에서 양국의 해상 관할 범위는 잠정조치수역이 담당한다.

그럼에도 중국은 우리의 입장과 주장을 무시하고 우리의 배타적경제수역 내에서 군사적 활동을 지속하고 있다. 중국인민해방

---

3 중국은 미 군함이 자신의 배타적경제수역을 항행하는 것에 반발한다. 남중국해에서 미중 간 항행의 자유 문제가 갈등을 빚을 수밖에 없는 상황인 것이다.

군 해군PLAN(People's Liberation Army Navy, 또는 PLA Navy. 줄여서 '중국인민해군')과 중국인민공군의 무자비한 행보가 이의 방증이다. 해상 경계선이 아직 획정되지 않은 상황을 틈타, 중국인민해군은 한중 배타적경제수역의 중첩 구역(중간선을 넘은 구역 포함)을 활보 중이다. 그리고 그 반경은 점차 확대되고 있다. 우리의 영해 주권은 반대로 계속해서 침해당하고 있다.

2020년 한 해 동안 중국인민해군이 우리 해상 관할 구역에서 보인 주요 활동은 다음과 같다. 항공모함 랴오닝호와 산둥호가 약 20회의 훈련을 진행하였다. 함정, 항공기 등을 포함한 대잠수함훈련 역시 약 10회나 실시되었다. 중국인민해군의 경비함은 매일 같이 동경 123~124도 사이를 오가고 있다. 바다뿐만이 아니다. 중국의 해상초계기 역시 동 해역의 상공을 매일 수차례나

그림 2 **한중 잠정조치수역과 "가상" 등거리선(중간선)**

비행하고 있다. 우리의 바다와 하늘은 점차 그들에 의해 잠식당하고 있다.[4]

잠정조치수역은 양국 어선의 자유로운 조업과 자국 어선에 대한 양측의 자주적 단속권 및 재판 관할권을 허락했다. 문제는 배타적경제수역 획정이 지연되면서 중국이 잠정조치수역에 공세적으로 해군력을 거의 상주시키고 있다는 데 있다. 심지어 배타적경제수역을 포함한 우리 해군의 해상 작전 구역에 3~5척의 중국인민해군 함정이 지속적으로 활동 중이다. 우리 군 당국에 따르면 "과거에는 상륙함, 소해함 등 비전투 해군 함정이 주로 활동했다. 하지만 최근(2018년) 들어 중국의 호위함이나 7천 톤급 이지스함이 잠정조치수역에 진입하는 경우도 부쩍 늘었다."고 밝혔다. 2018년 한 해 동안, 이 수역에 출몰한 중국 군함만 무려 173척이다.[5]

다시 말해, 중국은 잠정조치수역을 자국의 해군 전투함과 잠수함의 활동 영역을 확장하는 데 이용하고 있다. 중국은 서해 관할권의 경계선 기점을 '동경 124도'로 정하고, 이를 기준으로 삼아 해상 작전 구역(Area of Operation, AO) 또한 구획하였다. 한중의 해상 작전 구역은 대체로 자국이 주장하는 배타적경제수역과 비슷하게 설정되었다. '작전 구역'으로 선포함으로써 군사력을 동원해 자국의 배타적경제수역을 보호하겠다는 의지를 드러낸 것이다.

4 "[군사대로]서해 EEZ로 번지는 美中 충돌⋯韓中 해양경계도 암초", 『NEWSIS1』, 2021년 2월 6일.
5 "[글로벌 돋보기] 중국 군함 올해 한중잠정조치수역에 173회 출몰⋯'실효적 지배' 주장?", 『KBS 뉴스』, 2018년 10월 28일.

3-3 중국의 해상 작전 구역 설정

우리는 1953년 7월 정전협정 이후 유엔군사령부의 지침에 따라 서해 북방한계선(NLL) 남쪽, 그리고 '동경 123도선' 동쪽 해역에 무허가 북한 선박을 차단하기 위한 해상 작전 구역을 설정했다. 그리고 2015년에 이를 북한 이외의 다른 나라에도 확대 적용하면서 해양통제구역(MCA)으로 바꿨다. 해양통제구역은 우리의 관할 해역, 한국 해군이 한반도 주변에 설정한 지역을 의미한다. 국제법상 공해(公海)이지만 외국군 함정이 진입할 시, 한국 해군은 집중감시에 들어간다. 허가 없이 출입한 북한 선박에 대해서도 역시 마찬가지다.

여기서 '동경 124도'가 무엇을 함축하는지 짚어볼 필요가 있다. 북한과 중국은 1962년에 동경 124도를 양국의 해상 경계선으로 정했다. 북중 간의 경계선이기 때문에 효력은 서해 북방한계선(NLL) 이북에 한정되었다. 대신 중국은 동경 124도 선이 지나가는 북방한계선 이남 공해상에 작전 구역을 설정했다(그림 3-1 참조). 국제법상 작전 구역은 공해에 속하지만, 군사상 경계나 훈련 등의 편의를 위해 상대국 함정들은 서로 침범하지 않는 것이 관례다. 하지만 동경 124도가 백령도 인근에 있을뿐더러 북한이 공해상을 이용해 침투를 시도하고 있어서, 우리 해군은 중국의 작전 구역을 침범하지 않는 선에서 차단 작전을 펼쳐왔다. 더욱이 북한이 우리의 북방한계선을 인정하지 않고 있는 상황

그림 3-1 **동경 124도 지도**

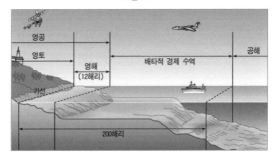

그림 3-2

에서 중국 역시 같은 입장을 취하고 있다.

해상 국경선이 부재한 가운데 상공 경계선 역시 불분명하다. 영해는 영공과 불가분의 관계에 놓여 있다. 영해가 잠식되면 영공도 잠식된다. 영해와 영공의 지리적 정의와 범위가 평행적으로, 대칭적으로 결정되기 때문이다. 다시 말해, 우리의 주권이 미치는 해상 지역에서 수직으로 올라가는, 그리고 대칭하여 펼쳐진 구간이 우리 주권이 관할하는 공중 지역이 된다(그림 3-2 참조). 그러나 해상 경계선이 획정되지 않은 지금이기 때문에 우리는 방공식별구역(KADIZ)을 통해 우리의 공중, 곧 영공에서의 안보를 보장하는 데 주력해야 한다.

한반도를 둘러싼 주변국의 방공식별구역은 일본이 1970년대에 가장 먼저 획정하였다. 오키나와에 주둔하고 있는 미군 공군 기지와 동중국해 및 대만해협 문제 때문이었다. 즉, 중국을 포함한 주변 지역을 비행하는 나라의 국적기와 전투기의 '안전'을 위함이었다. 그런데 2013년에 중국이 이와 접경한 구역에서 자신의 방공식별구역을 갑작스럽게 획정하고 나섰다. 정황상 2010년대에 들어와서 일본과의 영토분쟁이 갈수록 심각해졌기 때문에, 중국이 자국의 군사적 방어 능력을 더 잘 발휘할 공간을 마련하기 위한 것으로 추측되었다.

중국의 갑작스러운 발표가 지나간 직후, 우리의 대응이 곧이어 이어졌다. 우리도 우리의 방공식별구역을 선언한 것이다. 이후 동중국해 지역에는 한일중 세 나라의 방공식별구역이 출현하였다(그림 3-3 참조). 특히 중국은 영토 주권 이익을 '핵심 이익'으로 규정하면서 자신의 영토, 영해, 그리고 영공을 침입하는 행위에 대해서 무척이나 강경한 태도를 드러내고 있다.

그런데 중국은 자신의 방공식별구역에 대해 주변국의 존중을 강조하면서, 정작 주변국의 것은 홀대하는 모순적인 태도를 보이고 있다. 자신이 무단으로 침입한 행위에 대해서 방공식별구역이 국제법적 구속력이 없고 규범에 불과하다고 책임을 회피하고 있다. 중국이 우리의 방공식별구역을 무단으로 들어오는 행위는 엄연히 사전 비행계획서 제출과 지속적 관제 등 국내법

그림 3-3 **한일중의 방공식별구역**

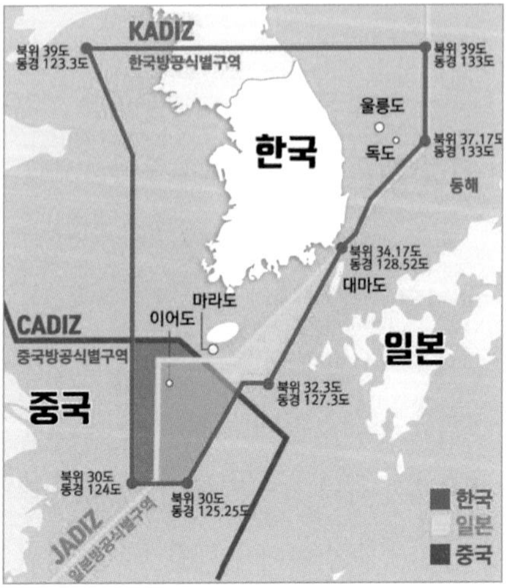

기준에 미치지 못하는 것이며, 무엇보다 국제규범과 관습을 어기는 행태이다. 이러한 빈번한 도발 행위는 여객기와 탑승객, 그리고 화물기 운항에 잠재적 위험이 될 수 있다.

중국이 자신의 무단 침입 행위를 이른바 '통상적 군사 활동'과 '공동 군사훈련'으로 치부할 수 있는 배경에는 앞장에서 설명한 중국 해상작전전략개념이 있다. 평시와 전시로 구분된 해당 개념은, 평시에는 해상의 '제해권'와 '통제권' 장악을 목표로 하고, 전시에는 핵 반격권까지 포함한 '반격권'의 장악을 목표로 삼는다. 또한 영해와 영공이 불가분의 관계이기 때문에 이러한 개념은 바다를 넘어 공중에까지 적용된다.

결국 중국(과 러시아)의 행위는 공해와 우리의 영해, 오픈스카이(open skies)와 우리의 영공을 자국의 주권 영역으로 포함하는 데 그 의도가 있다.[6] 한중 간의 중첩지역을 무시하면서 대한민국의 동해에서 제해권과 통제권을 확보하기 위해 우리나라 상공에 비행의 자유를 주장하는 것이다. 더욱이 중국은 북한과 동경 124도에 그은 중간선을 구실삼아 우리와의 배타적경제수역과 우리의 북방한계선을 무시하고 있다. 중국은 자신의 태평양 진출로를 확보·방어할 수 있는 모든 수단을 동원할 태세다.

3-4 중국의 의도와 목적

앞장에서 설명하였듯, 중국 근해작전개념의 핵심은 '항행의 자유'가 아닌, 태평양으로의 '진출입의 자유'를 확보하는 데 있다. 중국이 태평양으로 진출할 수 있는 경로는 제한적이다. 태평양으로 통하는 주요 길목은 필리핀해협, 대만해협, 대한해협과 라페루즈 해협(소야해협) 등이다. 그런데 미국과 그의 동맹이 이들 해협을 사실상 통제하고 있다.

유사시 미국이 이들 길목을 통해 중국을 공격할 수 있기 때문에 중국은 태평양에서 미국이 진입할 수 있는 모든 통로를 반드시 방어해야 한다. 이런 지리적 조건과 한계에 기초하여 만들어진 것이 A2AD(반접근·지역 거부, Anti-Access, Area Denial) 전략개념이다. 이들 길목에 대한 통제권을 장악하지 못하면 남중국해와 동중

---

6 史春林, "太平洋航线安全与中国的战略对策", 『太平洋学报』, 第19卷, 第8期, 2011 年, pp. 75-87.

국해는 자칫 호수로 전락할 수 있다. 고립될 처지를 피하고 생존하기 위해, 중국은 미국의 제1도련선 방어를 돌파할 수 있는 작전 능력을 갖춰야 한다.

이러한 작전 능력을 갖추고 강화하기 위해 중국은 러시아와의 군사훈련을 2005년부터 지속해 오고 있다. 러시아가 호응한 이유 역시 태평양 진출이다. 극동 러시아에서 태평양으로 진출하려는 러시아의 이익과 중국의 그것은 완벽히 일치한다. 비록 극동 러시아 지역과 태평양지역 간의 교역물동량은 많지 않지만, 국방과 군사 전략 이익 관점에서 보면 러시아의 태평양 전략 역시 중국과 유사한 제약을 받고 있다. 이 같은 제약은 러시아가 북한의 부동항 몇 군데를 임대하는 것으로 해결될 문제가 아니다.

따라서 중러 양국이 우리의 영해를 휘젓고 다니는 데에는 그들 나름의 이유가 있다. 첫째, 우리의 영해와 공해를 포함한 모든 해역을 중립화하겠다는 것이다. 이런 그들의 야심은 특히 이들이 우리 영해에 대해 일삼는 잦은 침범에서 분명히 드러난다. 반복적인 침범행위의 누적효과를 노리는 것이다. 해양주권을 완전히 무시하는 처사에 우리를 반복적으로 노출시켜 우리의 주권과 국제법 등의 제약을 완전히 무력화하겠다는 것이다.

둘째, 영해는 영공과 불가분의 관계이기 때문이다. 영해가 잠식되면 영공도 잠식되는 상관관계를 이용하는 것이다. 중국은 유사시 북중동맹 관계와 북러 우호조약에 근거하여 북한을 제1도련선 방어와 A2AD 전략의 최전선 방어기지로 활용하고자 한다. 이 경우 우리나라가 태평양으로 통하는 경로는 철저히 저지될 것이며, 나아가 우리의 동맹이자 그들의 적국과도 같은 미국과 일본이 우리와 협력할 수 있는 해상과 상공 통로마저 차단될 것이다. 중러가 우리의 해양주권을 침해하면서 우리의 방공식별구역마저 무시하는 군사적 행동을 단행하는 이유다.

마지막으로 중국이 특히 우리의 서해를 휘젓고 다니는 것은 중국인민해군 북해함대의 요충 지대이기 때문이다. 산둥성 칭다오에 사령부를 둔 이 함대의 관할 구역은 발해만과 황해(우리의 서해) 지역이다. 따라서 이 해역을 중국이 자유롭게 통제하지 못한다면, 이 함대에 소속된 중국 항공모함의 자유로운 출정은 물론이고, 해군전략과 해상 안보 전략에 치명타를 입게 될 것이다.

또한 서해와 맞닿은 평택에는 미국 최대 해외 기지인 캠프 험프리스(Camp Humphreys)가 있다. 평택에서 중국 칭다오(600km)와 다롄(520km)까지는 해공군의 작전 거리로 볼 때 그리 멀지 않다. 중국은 미국이 서해에서 자국의 북해함대를 억제할 수도 있다는 우려를 안고 있다. 이런 맥락에서 중국은 해상작전전략개념의 최고 목표를 우리의 영해와 공해 지역에 대한 제해권과 통제권을 장악하는 것으로 설정해 두었다. 이는 우리의 영공과 공공(公空)에 대한 중국의 방어개념에도 그대로 적용된다.

한반도 분단과 함께 북한이 대륙으로 진출하는 길목을 막아서게 되면서 남한은 자연스럽게 해양 국가가 되었다. 반면 북한은 전통적인 반도 국가로서의 지정학적 전략 가치를 여전히 향유하고 있다. 다시 말해, 우리와 달리 북한은 해양으로의 진출입이 자유롭고 대륙으로도 자유롭게 진출입할 수 있는 지리적 여건을 아직 보존하고 있다.

문제는 우리와 중국 사이에 발생한다. 우리와 중국의 태평양 진출입로가 서로 겹치기 때문이다. 우리는 태평양으로 통하는 데 중국의 영해나 해역을 경유할 필요가 없다. 반면 중국의 경우는 다르다. 중국은 자신의 연안 지역에서 출발한 뒤, 우리의 해역 근접 지역이나 해역 내를 경유해야만 비로소 태평양에 접근할수 있다.

더 나아가 최근 북극항로가 개발되면서 중국은 연안에서 북극 항로로 진입하기 위해 더더욱 우리의 영해 혹은 공해를 반드시 항행해야만 하는 필요성에 직면하게 되었다. 중국의 화물선과 상선은 중국 어느 항에서 출발하든, 우리의 서해, 남해 그리고 동해를 지나 일본과 러시아 사이의 라페루즈 해협(소야해협)을 거쳐, 오호츠크해와 베링해협을 지나가야 한다(그림 4 참조). 북극항로가 최근 동아시아 국가로부터 각광을 받는 이유는 기존 항로보다 더 빠르게 유럽에 도달할 수 있기 때문이다. 기존 항로는 네덜란

그림 4 **북극항로(빙상 실크로드)와 기존 항로 비교도**

드에 가기 위해 인도양과 수에즈운하를 통과해야 했다. 이는 약 45일의 시간이 소요되는 항로다. 그러나 북극항로를 이용하면 약 27일 만에 중국에서 네덜란드로 가는 것이 가능하다. 이런 경제적인 이유로 중국은 우리의 바다를 자유롭게 임의대로 항행할 수 있는 권리와 권한을 더욱 차지하려 든다.

3-5 중국, 바다와 하늘의 실질적 침범

2013년 말 한중 양국이 각자의 방공식별구역을 획정한 후, 중국이 우리의 방공식별구역을 무단으로 침입하는 경우가 지속되고 있다. 중국 해군의 경비함도 동경 123~124도 사이를 거의 매일 드나들고 있다. 공중에서도 마찬가지다. 중국군 해상초계기가 동경 123~124도 상공을 매일 같이 비행한다. 중국은 이를 특권이라 치부한다. 이런 중국의 인식은 2013년 7월 우성리(鳴勝利) 당시 중국 해군 사령원(사령관)이 중국을 방문한 최운희 전 해군 참모총장에게 건넨 요구에서 분명히 드러났다. 우 사령원은 "한국 해군은 이 선(동경 124도)을 넘어오지 말라"고 경고하였다. 이에 우리 측은 "동경 124도는 국제법상 공해이고, 북한의 잠수함이나 잠수정이 동경 124도를 넘어 우리 해역에 침투하기 때문에 이를 막기 위해 작전을 할 수밖에 없다"고 반박했다.[7]

실제로 2013년부터 우리 해군 전투함이 동경 124도에서 서쪽

7 "[단독]백령도 40㎞ 앞까지 왔다, 中군함 대놓고 서해 위협", 「중앙일보」, 2021년 1월 27일.

으로 이동하는 순간, 중국 해군은 "즉각 퇴거"할 것을 명령하고 있다. 이처럼 중국군은 우리 해군에 동경 124도를 넘지 말 것을 일방적으로 주문하면서, 정작 자신들은 이 선을 자유롭게 넘어 우리 영해를 제 집 드나들 듯하고 있다. 아래의 대표적인 사례들만 봐도, 중국의 행태는 빈도와 규모 면에서 부단히 그 몸집을 키워가고 있다.

- 항공모함 랴오닝호와 산둥호의 훈련 약 20회
- 함정, 항공기 등을 포함한 대잠수함 훈련 약 10회[8]
- 중국인민해군의 경비함이 동경 123~124도 사이의 해역에 매일 출몰 중
- 중국 해상초계기가 동 해역 상공을 거의 매일 비행 중
- 2020년 12월 중국인민해군 군함이 우리의 북방한계선을 침입, 백령도 40km 앞의 공해 수역까지 출몰[9]
- 2023년 5월과 9월 동해상에서 둥디아오급 정보수집함 출몰

이밖에 중국은 2010년에 우리의 서해를 무려 자신의 '내해(內海)'로 규정하였다. 이후 중국인민해군은 우리의 서해를 '내해' 같이 활보 중이다. 반대로 우리의 영해 주권은 이들의 빈번하고 무질서한 침입 행위로 점차 침식되고 있다.

우리 국방부가 2020년에 공개한 '최근 5년 주요 외국 군함의

---

8 2020년 8월 중국 해군의 위안(元, 039A)급 잠수함(3,600t)이 동경 123~124도 사이 해역에서 수면 위로 항해하는 장면이 해군에 의해 포착되었다.

9 "[단독]백령도 40㎞ 앞까지 왔다, 中군함 대놓고 서해 위협", 『중앙일보』, 2021년 1월 27일.

한반도 인근 활동 현황'에 따르면, 2019년 주요 외국 군함은 우리 배타적경제수역의 등거리선을 370여 회 넘어왔다. 그중 중국 군함이 침범한 횟수는 290여 회로 전체의 약 80%를 차지한다. 2016년부터 2020년까지 5년 동안 중국 군함이 배타적경제수역의 잠정 등거리선을 넘어 한반도 인근에 출현한 횟수는 900회가 넘는다. 연도별로는 2016년 110여 회, 2017년 110여 회, 2018년 230여 회, 2019년 290여 회, 2020년 8월 기준 170여 회다.[10] 중국 군함의 출몰 횟수는 2017년 사드 배치 이후인 2018년에 전년 대비 2배 이상 증가하였을 뿐만 아니라 계속해서 늘어나고 있다.

2021년 우리 관할 해역에 진입해 활동한 중국 군함은 260여 척에 달한다. 이 가운데 160여 척이 남해로, 80여 척은 서해의 우리 관할 해역으로 넘어왔다. 동해에도 20여 척의 중국 군함이 포착되었다. 군함이 항해 중 우리 관할 해역을 수시로 넘나들어, 진입 횟수가 아닌 진입 군함 수로 집계됐다. 우리 해군은 중국 군함이 배타적경제수역에 진입하면 레이더로 추적·감시하고, 영해에 근접했을 때는 경고 메시지를 보내며 대응 중이다. 이밖에 중국 어선 역시 부단히 우리의 바다를 휩쓸고 있다. 서해5도특별경비단은 2017년 신설된 이후, 2021년까지 5년 동안 1만 4,600여 척에 이르는 불법 중국 어선에 퇴거 명령을 내렸다.

특히 산둥성 칭다오를 모항(母港)으로 둔 중국의 항모 랴오닝함의 움직임은 매우 위협적이다. 랴오닝함은 관할 해역에서 매년 한두 차례 보이더니, 2021년 상반기에만 3번이나 출몰하였다.

---

10 "중국 군함 '한반도 출몰' 5년간 910회…사드배치후 2배로", 『조선일보』, 2020년 10월 16일.

2021년 3월에는 한국 영해의 70해리까지 근접해 왔다. 이는 랴오닝함이 최근 3년간 영해와 가장 가깝게 항해한 사례다. 랴오닝함은 보통 100해리(약 185㎞)의 거리를 유지하며 영해 근처를 지나갔다. 중국은 또한 칭다오에 한(漢, 091형)급 공격 핵 추진 잠수함(SSN) 3척과 샤(夏, 092형)급 전략 핵 추진 잠수함(SSBN) 1척을 두고 있다. 중국 잠수함은 2020년과 2021년 두 해 동안 우리의 관할 해역에서 4회 포착되었으나, 2022년에는 상반기에만 3차례나 발견되었다.

그럼에도 중국은 도리어 2013년의 주장을 근거 삼아 제 활동 공간을 잠정조치수역 안으로까지 넓히려 든다. 당시 중국은 한국과 협의도 없이 동경 124도 서쪽을 해상작전 구역이라고 명명하였다. 한국 해군은 중국 해군의 해상작전 구역(동경 124도)보다

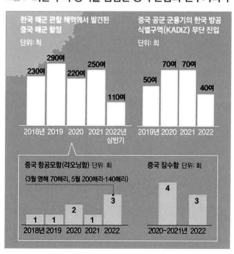

그림 5 **최근 우리 영역을 침범한 중국 군함과 전투기의 수**

서쪽에 있는, 다시 말해 중국에 더 가까운 동경 123도를 따라 해양통제구역 경계선을 그었다. 물론 한국 해군의 결정에 중국이 동의와 존중을 보냈을 리는 만무하다.

2023년 3월 29일 중국 해군의 미사일 구축함 2척과 보급함 1척 등 총 3척이 동중국해를 떠나 대한해협을 통과해 동해 쪽으로 북상하였다. 앞서 27일에는 중국 해군 정보수집함이 고토열도 서쪽 160km에 떨어진 해역에서 모습을 드러내었고, 28일에 대한해협을 지나 동해 쪽으로 이동하였다. 중국 해군의 대형 함정인 렌하이급 미사일 구축함 등 2척과 보급함 1척은 28일 오후 1~2시 사이에 나가사키현 고토열도 서쪽 200~300km 떨어진 해역에서 북동쪽으로 키를 잡아 29일 역시 대한해협을 통과해 동해로 진입했다.

러시아 군함 역시 우리 바다를 부지런히 찾고 있다. 그들이 우리 배타적경제수역을 찾은 횟수는 2016년 30여 회, 2017년 20여 회, 2018년 10여 회, 2019년 50여 회, 2020년 20여 회에 이른다. 중국 군함은 2018년 7월 5일에 처음으로 우리 배타적경제수역을 찾았다. 이후 그들의 방문 횟수는 2017년 80여 차례, 2018년 3월 기준으로 20여 차례를 기록하였다.

중국군과 러시아군이 2023년 6월과 7월 두 달 동안 우리의 동해에서 해군과 공군 합동훈련을 실시했다. 이 중 '북부·연합-2023'이라는 작전명으로 진행된 7월 훈련은 10척 이상의 군함과 30대 이상의 항공기가 투입된 대규모의 훈련이었다. 중국은 동디아오급 정보수집함(스파이함) 1척, 루얀Ⅲ급 미사일 구축함 2척, 장카이 II급 호위함 2척, 후치급 보급함 등 다양한 군함을 파견하였다. 러시아는 6천 800톤급 대잠 구축함 아드미랄 트리부츠와 아드미랄 판텔레예프 2척, 초계함 그레먀쉬 등 군함 8척을 동해로 보냈다. 이를 계기로 중러 양국이 우리 동해상에서 합동훈련을 정례화할 것인지, 주의가 필요한 대목이다.

2023년 6월을 기준으로, 중국 군용기가 우리의 방공식별구역을 무단 침범한 건수는 60여 회에 이른다. 이는 작년 한 해의 수치를 벌써 넘긴 것이다. 중국이 방공식별구역에 진입한 횟수는 2019년에 50여 회, 2021년과 2020년에 각각 70여 회였다. 같은 시기, 러시아 군용기가 방공식별구역을 침범한 횟수는 5회 이하로 집계되었다. 앞선 연도별 기록은 2019년 20여 회, 2020년과 2021년 모두 10회 미만, 2022년 20여 회였다.

- 2016년 중국 군용기가 50여 차례에 걸쳐 방공식별구역을 무단으로 침입
- 2017년에 이르러 80여 차례로 증가
- 2018년 러시아까지 합세한 중러 양국의 침범 횟수는 총 230회, 한일중 중첩 구역이 아닌 흑산도·울릉도 인근 방공식별구역에 무단으로 진입한 때도 상당수
- 2019년 동해와 동중국해 상공에서 중러 공군이 연합 경계감시(초계) 활동을 처음으로 실시, 이 해 중러 양국의 침범 횟수는 총 180회
- 2020년 3월, 5월과 12월 등 4차례로 기록
- 2016~2019년, 4년 동안 중러 군용기가 방공식별구역을 무단으로 침범한 횟수는 중국 450여 회, 러시아 120여 회로 총 550여 차례

방공식별구역은 국제법이 아니기 때문에 법적 구속력을 갖지 않는다. 다만 국제규범으로서 관련국은 이를 준수할 필요가 있다. 주변국을 통과하는 여객기와 탑승객, 그리고 승무원의 안전을 보장하기 위해서다. 문제는 중국이 이 같은 규범을 존중하지 않을뿐더러 사전 통지 없이 전투기를 급파하는 데 있다.

민간인에게도 위협적인 중국의 행태는 국제사회에 우선 호소하는 것이 마땅하다. 국제규범을 무시하는 중국의 처사가 중국 스스로 주장하는 인류 운명 공동체의 허점을 드러내고 있음을 선전해야 한다. 국제법과 규범을 무시한 채 자신의 주장과 입장만이 옳다고 여기는 중국의 행위를 외교적으로 변화시킬 수 있는 유일한 수단이다.

이런 조치가 여의찮으면 차선책으로 국제항공운송협회(IATA)에 이 문제를 공론화할 수도 있다. 이 기관은 항공 운송 문제를 중재할 수 있는 권한을 가지고 있다. 만약 중국이 국제항공운송협회의 중재나 국제사회의 규범 존중 요구를 거부한다면, 우리는 동맹과 우방의 도움에 의존할 수밖에 없다. 중국이 우리를 넘어 대만과 일본의 방공식별구역에도 무단 침입하는 사례가 빈번해질 것이기 때문이다. 두 나라와 지역의 안전 문제가 대두되고 있어 그들과 공동 대응을 모색하는 건 절대 불가능한 일이 아니다. 나아가 여기에 미국의 적극적인 참여를 유발하여 국제규범의 의미를 중국에 깊이 각인시켜 줄 필요가 있다.

3-6 중국의 불법조업과 해상 민병대

불법조업 문제는 한중 수교 이전부터 간헐적으로 나타났지만, 수교 이후부터는 개선된 관계를 이유로 더욱 성행하기 시작하였다. 중국의 어민들은 두 가지 믿음을 가지고 이에 적극 뛰어들었다. 만약 문제가 발생할 경우, 중국 당국이 이를 해결해 줄 것이며 한국 당국의 처벌 능력에는 한계가 있다는 것이다.

중국 당국은 외국이 자국민을 체포하는 즉시, 신병 인도를 요구한다. 자국민을 보호하고 자신들의 법대로 처벌하기를 원하기 때문이다. 또한 중국 어민들은 한국 당국이 국제적 불법조업을 처벌할 수 있는 법적 근거가 약하다는 것을 인지하고 있다. 다시 말해, 그들은 불법 행위를 저지르더라도 자국이 신병 요청으로 자신들을 보호해 줄 것이며, 설령 한국 정부가 처벌을 주장하더라도 벌금이라는 솜방망이 처분에 불과할 것임을 잘 알고 있다.

우리의 물리적 역량이 부족한 것 역시 심각한 문제다. 가령, 현재(2023년 9월) 한국 해경에 소속된 함정은 대형 36척, 중형 42척, 소형 110척, 그리고 특수함정 166척에 불과하다. 이들이 한반도를 둘러싼 세 면의 바다와 영토분쟁지역을 수호하고, 나아가 수백 척의 중국 불법조업 어선을 상대하기에는 역부족이다. 반면, 중국은 헌법에 해상민병 관련 법안을 오래 전에 제정한 이후 최근들어 어선과 어민으로 둔갑한 해상 민병대 약 30만 명을 육성한 것으로 알려졌다.

이런 현실을 감안하여 우리 정부 당국은 꾸준히 중국 측과 협상을 이어왔다. 그리고 정부 당국의 협력 사안 가운데 그나마 성과를 보이고 있다. 2017년 11월에 한중 당국은 제17차 한중 어업공동위원회와 고위급 회담에서 '2018년도 한중 어업협상'을 타결하였다. 양국은 2018년부터 △조업 질서 유지 방안 △한중 배타적경제수역 입어(入漁) 규모 △조업 조건 및 절차 규칙 △수산 자원관리방안 등에 협력하기로 결정하였다.

양국은 우선 불법조업을 근절하기 위한 공동대응을 강화하기로 했다. 2018년부터 양국은 '한중 공동 단속시스템'을 운영하고 있는데, 이는 우리 정부가 중국어선 불법조업 정보를 중국 측에 실시간으로 전달하여 중국 정부가 이를 단속에 활용할 수 있도록 하는 것이다.[11] 또한 양국은 일시 중단되었던 한중 지도선 공동 순시 및 단속공무원 교차 승선을 재개하였다. 구체적인 재개 시기와 운영 방안은 다음 해인 2019년에 양국 지도 단속 실무 회의를 통해 결정되었다. 그들은 '무허가, 영해 침범, 폭력저항' 등 3대 엄중 위반 행위의 근절에 주안점을 두었다.

그런데 우리의 어자원을 더 효과적으로 보호하기 위해서는 북측 수역에서의 불법조업을 단속해야 한다. 중국 불법 어선의 주요 무대는, 서해 수역의 북방한계선 주변 지역, 그리고 동해의 38선 이북 지역이다. 그들은 북방한계선 주변에서 조업하다가 우리의 해경이 출동하면 곧장 북방한계선 이북으로 도망친다. 동

---

11 해양수산부, "2018년도 한·중 어업협상 타결... 입어규모 축소 등 성과 거둬", 『보도자료』, 2017년 11월 17일.

해는 속수무책이다. 동해에서의 불법조업은 〈유엔 안보리 대북 제재 결의 2379호〉에 명시된 '거래 금지명령'의 위반행위다.[12]

대한민국 헌법이 한반도 영토 주권을 명시하고 있어 이북의 영해를 우리의 영해로 간주할 수 있는 법적 근거는 있다. 다만 중국이 북한을 주권 국가로 인정하고 있기 때문에, 우리의 법적 해석을 수용할지는 미지수이다. 남북회담에서 이 문제를 심각히 논의할 필요가 있다.

중국과의 협력이 물론 필요하지만, 우리 해양경찰의 역량을 증강하여 자체 대비 방안을 마련하는 것이 무엇보다 시급하다. 중국은 이미 해안 경비대와 해상 민병대를 조직하고 무장까지 완료하였다. 특히 해상 민병대는 이른바 '회색지대 전략(Gray Zone Strategy)' 수단으로 상대방이 군사적으로 대응하기 어렵게 만들고 있다. 어민과 어선으로 위장한 이들의 규모는 30만 명에 이른다. 구체적인 조직 편대는 공개되지 않았지만, 어선만 해도 19만 척에 이를 것으로 추측된다. 이들이 우리 영해에서 불법으로 조업하다 단속에 걸려 무력 충돌을 일으킨다면, 단속에 나선 우리 해경만 속수무책으로 당할 공산이 크다.

해상 민병대는 정찰 및 감시, 연락에 필요한 최신식 장비들을 장착하기도 한다. 미군 태평양사령부 합동정보센터 작전국장을 지낸 칼 슈스터(Carl Schuster)는 "해상 민병대는 자동화기를 싣고 다니며 선체를 강화해 근접 시 매우 위협적"이라며, "최고 속력도 18~22노트(시속 33.41km)로 대부분 어선보다 빠르다"고 경고

12 "중국어선, 북한 바다 못 가' 동해안 어민들 '뿔났다'", 『한국일보』, 2020년 11월 2일.

하였다.[13] 우리 해경의 화력 및 병기와 작전 능력 역시 그에 못지않게 향상시켜야 할 필요성이 증가하고 있다.

우리 해경과 해군의 수적인 열세를 극복하는 전략 방안으로 주변국과의 공동 대응을 모색하는 것도 중요하다. 우리 주변국, 이를테면 일본 역시 중국의 불법조업으로 어자원 고갈과 수적 열세 문제를 안고 있다. 어자원과 해상환경 보호 문제를 무기로 공조하는 것은 충분히 가능할 것이다. 효과적인 억지를 위하여 군사적 수단이 필요하다면, 인도-태평양 전략 혹은 쿼드와 협력하는 것도 하나의 전략 옵션이다.

또한 우리는 우리의 주장을 합법화할 수 있는 법적 근거를 신속히 마련해야 한다. 배타적경제수역 안에서 우리의 군사 활동을 보호하고 보장해 줄 국내법을 제정하여 실제로 외국 함정을 감시할 수 있는 법적 토대를 다져야 한다. 외부로는 군사력을 증강하고, 내부로는 이를 뒷받침해 줄 국내법을 제정하여 만반의 대비 태세를 갖춰야 한다는 의미다. 이는 곧 우리의 주권과 배타적 관할권으로 이어진다. 배타적경제수역은 영속성을 가지고 있어서, 한번 획정되면 사후 변경이 거의 불가능하다.

이 문제를 국제화하여 국제적 보호를 받는 것도 좋은 전략이다. 우리의 주권 문제인 만큼 중국과의 대화가 난국에 봉착하면 이를 공론화시키는 것이다. 공론화를 위해 우리가 선택할 수 있는 전략적 옵션은 크게 두 가지가 있다. 하나는 중재재판소에 중

---

13 〈김규환 기자의 차이나 스코프〉 남중국해 주변국 겁박하는 중국 해상민병대」, 『서울신문』, 2021년 4월 23일.

재를 요청하는 것이고, 다른 하나는 실효적 지배를 통해 우리의 해상 경계선을 우리 스스로가 방어하는 것이다.

　다만 이 경우, 중국과 독자적으로 대적하는 것이 현실적으로 어렵기 때문에 한미동맹을 적극적으로 활용할 필요가 있다. 하지만 일반적으로 미국은 한국의 주권 이익을 위해 중국과의 갈등에 개입하는 것을 원하지 않는다. 미국이 개입할 수 있는 상황은 일본과 중국의 동중국해 영토갈등이 극으로 치닫거나, 미국이 대중국 포위망을 군사적으로 강화해 나갈 때이다. 이 두 가지 상황이 구현되기 어렵다고 하더라도 아직 방법은 있다. 인도-태평양 전략과 쿼드에 적극 협력하면서 우리의 서해를 이들의 협력 범위에 포함시키는 것 또한 우리의 바다와 주권을 지키는 포석이 될 수 있다.

4장

중국의 심리전: '중국 포비아' 전략

4-1 2014년 사드 초한전

사드(THAAD) 문제가 불거지던 2014년, 중국은 우리와의 초한전에서 우위를 점하는 계기로 사드를 낙점하였다. 당시 우리는 중국이 이 문제를 가지고 어떠한 전략적 포석에 나설지 그 무엇도 감을 잡지 못한 상태였다. 중국이 세계를 대상으로 초한전에 나서고 있지만, 우리만은 여기서 자유롭다고 생각했기 때문이다. 그러나 사드 문제가 수면 위로 부상함과 동시, 중국은 즉각 심리전과 여론전을 가동하였다. 그리고 우리 사회가 사드로 양극화되자 이를 두 전쟁에서 승기를 잡는 계기로 삼았고, 2016년에 이르러 사드 배치가 최종 결정되었을 때는 승리에 쐐기를 박기 시작한다. 이것이 오랜 기간 우리 사회와 여론을 흔들어 놓은 롯데 불매운동, '한한령(限韓令)'과 한국 단체관광 상품 불매 등이다.

롯데 제품에 대한 불매운동의 영향은 상당했다. 롯데의 대표적인 유통시장 롯데 마트가 중국에서 모두 폐쇄되었다. 당시 롯데가 중국 동북 랴오닝성의 션양시에서 추진한 메가급의 쇼핑몰과 주상복합 콤플렉스 건설 사업은 폐기로 이어졌다. 이미 건설이 시작된 상황에서 롯데는 막대한 손해를 보고 사업을 중단해야만 했다. 곧이어 중국인의 한국 제품 불매운동은 롯데를 벗어나 다른 기업 제품으로도 확산되었다. 아모레퍼시픽 화장품이 대표적인 사례다.

롯데와 아모레퍼시픽 사례가 특정 기업을 겨냥한 것이었다면, 한한령은 한국 문화('한류') 전반을 맹공격했다. 이는 한류의 중국 진출 차단은 물론, 한류 문화의 보급과 제공을 원천 봉쇄하는 조치였다. 이후 우리의 문화 콘텐츠 사업은 중국 시장을 상실한다. 우리 연예인들이 막대한 수입을 벌어들이던 중국의 광고 시장은 이후 철저히 한류를 지웠다. 더 이상 중국 광고에서 우리 연예인이 발붙일 곳은 없다. 우리의 국제 방송 역시 중국에서 수신이 차단되었다. 오늘날에도 중국의 고급 호텔에서 우리의 KBS World와 Arirang TV를 볼 방법은 없다. 양국 방송 관련 문건이 KBS의 송신을 허가하였지만 실제로 중국 내에서 이를 시청하는 건 거의 불가능에 가깝다.

한국 단체관광 상품 판매 불허는 2017년 3월에 중국 여유국(旅遊局)이 공문을 하달하며 시작되었다. 이유는 중국 여행객의 과도한 민원이었다. 특히 제주도를 여행한 관광객이 많은 불만과 민원을 제기했다고 공문은 전했다. 이런 명백한 문건이 여유국의 공식 홈페이지에 공시되었음에도 당시 중국 정부 당국은 공식적으로 제재 조치를 내리지 않았다고 발뺌하였다. 관광 제재는 존재하지 않는다고 오랫동안 항변하였다. 그들은 오히려 제재 조치를 지적하는 우리를 향해 사실무근이라고 비판을 쏟아냈다. 그야말로 손바닥으로 하늘을 가리려는 격이다.

2023년 8월에 중국은 한국 단체관광 상품 판매 재개를 허용하였다. 그리고 마치 단체여행 제재가 처음부터 없었던 것인 양 굴고 있다. 그러나 여기서 꼭 짚고 넘어가야 할 중요한 사실 하나가 있다. 이번에 중국이 판매를 허락한 단체관광 상품은 코로나로 인해 금지되었던 것을 해지한 것이다. 다시 말해, 우리에게 가한 여행 제재 문제와는 별도의 사안이다. 하지만 중국은 선심 쓰듯, 이를 얼렁뚱땅 넘어가려 든다. 우리나라 단체여행 상품 판매를 금지한 적이 없으며, 한국 역시 코로나를 이유로 외국 여행 금지 혹은 제한 조치를 실시했다는 사실로 무마하려 드는 것이다.

이렇듯, 중국은 초한전 심리전에서 선제공격으로 우리를 압도하는 데 성공하였다. 이는 우리가 우리의 의사를 결정하는 과정에서 줄곧 중국을 의식하는 사실에서 입증된다. 우리 국익과 관련된 의제에서 우리는 중국의 반응과 대응을 가장 먼저, 그리고 자연스럽게 우려한다. 이는 우리 의식 가운데 중국이 이미 깊게 뿌리를 내렸다는 방증이다. 달리 말하면, 중국을 두려워하는 소위 '중국 포비아'를 우리 스스로가 키워왔다는 의미다.

대승적 승기를 잡은 중국은 사사건건 우리의 의사 결정에 직·간접적으로 개입하려 든다. 우리에게 외세(미국)를 의식하지 말고 독립적이고 자주적으로 결정을 내리라고 응원한다. 그러나 우호와 선의의 껍데기를 쓴 응원의 한편에는 전혀 다른 중국의 외교 수사가 도사리고 있다. 바로 압박과 겁박이다. 중국은 종종 '후과(後果)'를 두려워하라고 우리에 서늘한 경고를 날린다. 더 나아가 그는 한중 관계의 악화시키는 발언도 서슴없이 내뱉는다. 이런 발언은 특히 사드 이후 더욱 빈번히 관찰되고 있다.

이런 중국의 언행이야말로 그가 우리의 의사결정과정에 직·간접적으로 관여하려는 '외세'임을 방증한다. 주권 국가인 우리가 독립·자주적으로 의사를 결정할 기회를 사전에 차단하겠다는 의도에서 나왔기 때문이다. 그렇지 않다면, 중국이 다양한 외교 채널을 통해 무례한 발언을 수차례나 반복할 필요가 없다. 여기서 중국 초한전의 두 번째 전쟁, 여론전이 전개된다.

외교에서 중국의 여론전은 일정한 패턴을 보인다. 한국 주재 중국대사를 시작으로 외교부 대변인에서 외교부 인사를 거쳐 부처 수장에 도착, 다시 말해 발언의 주체가 점차 상위급 인사로 상승하는 것이다. 우리의 외교 이슈가 중국의 전략이익에 배치될 때는 심지어 중국의 최고지도자인 중국공산당 총서기이자 국가주석까지 나서 우리를 회유하거나 겁박한다.

이 과정에서 중국의 전문가와 오피니언 리더들은 자국의 언론매체는 물론, 심지어 우리의 언론을 이용하여 중국 정부의 발언이 억측이 아닌 정당하고 합리적인 주장임을 홍보하는 데 집중한다. 그러면서 중국의 반응과 대응을 우려하는 우리 사회 내의 목소리에 힘을 실어 주는 작업도 병행한다. 즉, 친중 세력과 중국에 경도된 성향을 지닌 세력들을 통해 우리가 맞을 수 있는 '후과'를 대대적으로 선전한다. 그리고 여기서 종종 등장하는 것이 우리의 대중국 경제 및 무역 의존도 논리다.

여론전에 나선 중국이 주장하는 바는 늘 한결같다. 중국의 진심 어린 발언을 왜곡하지 말아 달라고 호소한다. 중국은 자신의 의도와 취지가 한중 관계를 귀중하게 여기고 고려하는 데 있다고 주장한다. 다시 말해, 우리의 국익과 주변 지역의 평화 및 안정을 참작하여 건넨 합리적인 주장이라고 정당화한다. 이웃 나라와 주변 지역을 중시하는 이른바 '선린 우호 정책'에서 우러나오는 진정성이 담긴 발언이라는 입장이다. 그러나 중국의 발언 뒤에 이어지는 문장은 중국의 이중성과 모순을 적나라하게 드러낸다. 우리와의 관계가 단절될 수 있다는 등, 한중 관계가 더 악화될 수 있다는 등, 심지어 우리가 주변 지역의 안정을 훼손한다는 등, 안정과 평화를 중시한다는 그들은 도리어 가장 이기적인 모습으로 우리를 비롯한 주변에 협박과 불안을 흩뿌린다.

4-2 심리전과 여론전에 능숙한 중국공산당

중국은 초한전 가운데 심리전, 여론전, 법률전 등 이른바 '3전(戰)'에 나설 주력부대로서 우리나라에 이미 대거 존재하는 소위 '친중' 세력을 적극 활용한다. 그리고 '3전'에서의 승리를 위해 인민 전쟁 전술, 통일전선 공작, 회색 지대선 등 다양한 전술을 구사한다.

통일전선 공작은 심리전과 여론전에서 시작된다. 세력 결집이 초한전의 기본이기 때문이다. 중국공산당이 동원하는 심리전과 여론전은 한 가지 목표로 귀결된다. 바로 정권 장악이다. 정권을 장악하는 방식에는 크게 두 가지가 있다. 하나는 기존 정권을 전복시키거나 축출하는 것이다. 전자의 경우, 혁명과 같은 불법적이고 무력의 방식이 자주 동원된다. 후자는 선거라는 '평화적이고 민주적인' 방식을 이용하든, 물리적 수단이 동원된 강압적 퇴출을 선택하든, 결국 기존 정권을 내쫓고 이를 장악하는 것이다.

기존 정권의 전복 혹은 탈취가 현실적으로 불가능하다면, 두 번째 방식이 동원된다. 곧 영향력을 통해 기존 정권을 자신에게 이로운 꼭두각시로 만드는 것이다. 이는 중국공산당이 주로 해외에서 활용하는 방식이다. 주권을 가진 나라의 정권을 중국이 장악하기는 사실상 불가능하다. 식민지 시대에나 가능할 법한 행위가 오늘날에도 용인될 리 만무하다. 대신, 영향력을 발휘하여 정권을 좌지우지하며 자신의 입맛에 맞는 정권으로 만들 수는 있다. 매수, 압박, 회유 등으로 권력자들을 친중파, 즉 중국에 경도 혹은 궁극적으로 종속되게 만드는 것은 가능하기 때문이다. 어떠한 방식이든, 중국이 추구하는 목표는 하나다. 중국공산당을 중국 내 권력의 정점에 세우고, 해외에는 친중 정권을 부식(扶植) 혹은 양산하는 것이다.

정권 장악이라는 궁극적인 목표를 향하여 중국은 두 가지 트랙을 운용한다. 하나는 중국과 중국공산당의 우호적이고 선의적인 이미지를 확산하는 것이다. 특히 중국을 향한 외국의 비판과 비평이 부당함을 알리면서 동정표를 얻는 데 열중한다. 중국과 중국공산당은 친중 세력과 중국공산당 지지자의 국내외 결집을 기대한다. 이를 위해서는 무엇보다 중국과 중국공산당의 선의적인 의도와 목적을 홍보함으로써 홍보 대상의 지지를 확보하는 것이 핵심이다. 그들은 이들 지지 세력이 자국 내에서 충분히 커질 때를 기다려, 초한전 전략의 기본 자산으로 삼는다.

두 번째 트랙은 중국에 대한 공포심을 주입하는 것이다. 중국을 지원, 지지하지 않으면 중국으로부터 불이익을 받을 수 있다는 두려움을 심어주는 것이다. 이런 공포심에 길들여 지면 공포에 빠진 이들은 중국의 반응과 대응을 당연히 의식할 수밖에 없게 된다. 반대로 중국은 영향력을 발휘하기가 한결 수월해진다. 별다른 노력 없이 경고성 메시지나 회유만으로도 중국 포비아에 익숙해진 나라와 정권을 종용할 수 있기 때문이다. 만약 이것이 효력을 발휘하지 않더라도 중국은 다시금 압박과 겁박 등 보다 고압적이고 위압적인 언행으로 그들을 다그칠 수 있다.

심리적으로 우위를 점하기 위해서는 여론전이 동시에 수반된다. 중국과 중국공산당의 선하고 좋은 이미지를 대대적으로 홍보한다. 중국의 국가 이미지에 비판적이고 비평적인 나라와 세력에 대해 항변하는 것이다. 그러면서 여론전 대상국의 여론을 중국에 유리하게 전환하는 데 노력을 기울인다. 이때 중국은 소위 말하는 '친중 세력' 또는 화교 사회를 반중국 세력과 국가의 잘못된 여론을 반박하는 데 적극 활용한다. 더 나아가 이들을 지원 사격하며 중국과 중국공산당에 대한 잘못된 정보와 오해를 열심히 잠식시켜 나간다. 여론전에서 승리해야 중국과 중국공산당은 여론전 대상 국가에서 세를 확산하고 집결할 수 있다.

다른 한편, 중국과 배치된 선택에 대비한 여론전도 적극 전개된다. 이 경우 중국과 중국공산당은 여론전 대상국에게 '후과'를 기대(?)하라고 으름장을 놓는다. 어떤 후과일지 구체적으로 설명하지 않음으로써 그들 스스로 상상의 나래를 펼치도록 유도한다. 가장 가까운 예시로, 그들은 인도-태평양 경제프레임워크(IPEF) 가입을 앞둔 우리에게 사드 이전의 한중 관계로 회복될 기대는 하지 말라고 엄포를 놓는다. 여기서 우리는 사드 문제가 불거지기 이전의 한중 관계, 곧 막대한 이익의 원천이던 중국 시장을 자연스럽게 연상한다. 불행하게도 우호적이었던 과거는 실제로 경험한 부정적 경험을 토대 삼아 오지 않은 미래를 땅속 깊이 끌어내린다. 즉, 우리가 사드 이후 받았던 불이익보다 더 강도 높은 것을 상상하게 만든다. 이는 중국 포비아에 이미 흠뻑 빠져버린 우리의 내재적 취약점을 중국이 적극 활용하는 것이다. 중국은 우리와의 여론전이 우리의 저자세 혹은 굴종으로 종전될 것을 이미 잘 알고 있다.

심리전과 여론전으로 친중 세력이 구축되면 중국은 곧이어 포섭한 이들이 영향력을 효과적으로 발휘하도록 지원사격을 시작한다. 지원 방법은 법을 악용하거나 이용하는 것이다. 모든 사회에는 법제와 법질서가 존재한다. 특히 해외 세력은 그들이 속한 사회의 법 테두리 안에서 영향력을 발휘해야만 한다. 그렇지 않으면 목표 달성은커녕 외교 문제로 비화될 수 있다. 합법적인 영향력 공작은 주로 재정 지원을 통하여 이루어진다. 중국 비밀 유지를 위해 은밀하게 지원이 필요하다면 불법적인 지원 방식도 과감하게 가동된다. 기부금, 연구비, 활동비 등 다양한 이름표를 달고 중국의 자본이 친중 세력을 응원하고 떠민다. 포섭된 이들의 정계, 재계, 학계 등의 진출을 도와주는 것이 가장 흔한 방식이다.

진출에 성공한 이들은 곧장 중국을 위해 봉사하기 시작한다. 자신이 나고 자란 사회의 기존 법제가 허용하는 범위 내에서, '중국을 위해' 사회질서를 최대한 교란하고 선동하려 든다. 이것이 이른바 '법률전'이다.

중국이 법률전을 벌일 수 있는 가장 큰 이유는 자유민주주의 국가의 법제적 허점을 이용할 수 있기 때문이다. 자유민주사회는 인권과 양심 등 도덕적 규범이 고도로 발달한 개방 사회이다. 그리고 고유의 개방성, 투명성, 형평성, 나아가 이들을 근간으로 확립된 법치주의를 지니고 있다. 이렇게 고도화된 제도의 규범체제를 중국공산당은 역으로 이용하려 든다. 개방되고 투명한 사회체제를 악용한다는 의미다.

자유민주주의 사회의 법은 투명하고 명확하다. 하지만 다른 한편, 유권해석이 가능하고 쟁점이 되는 부분도 존재한다. 법적 논쟁이 가능한 부분은 특히 중국공산당에 있어 훌륭한 먹잇감이다. 또한 법이 투명하다 보니 법이 허용하지 않지만 그렇다고 불법이지도 않은 부분을 쉽게 찾아낼 수 있는 맹점 역시 존재한다. 이 지점 역시 중국공산당의 영향력 공작에 내재적 취약점을 안고 있다고 볼 수 있다.

때로는 법을 악용해서라도 목적을 달성하고자 한다. 이를테면, 국가 기밀을 취득하기 위해, 첨단과학기술을 편취하기 위해, 혹은 영향력 있는 인사를 매수하기 위해 등 비밀스러운 공작을 성공적으로 완수하기 위해 불법을 저지르는 것은 선택의 문제일 뿐이다.

중국과 중국공산당은 심리전, 여론전, 법률전 등 3전에 준비된 나라다. 통일전선을 오랫동안 스스로 경험하였을뿐더러, 그 과정에서 3전을 다양한 방식으로 시험해 본 경험 역시 풍부하다. 중국공산당의 통일전선과 3전의 역사는 창당 시절로 거슬러 올라간다. 1921년에 창당된 중국공산당은 소련과 코민테른(Comintern, 국제공산당)의 지원을 받아 통일전선과 3전에 적극 뛰어들었다. 당시의 목표는 중국 내에서 공산주의 확산과 당원 모집이었다. 그리고 이를 기반 삼아 정권을 장악하겠다는 궁극적 목표를 품고 있었다. 즉, 당시 집권당이던 국민당을 무너뜨리고 권력의 정점에 우뚝 서기를 갈망하였다. 이 목표는 1949년 중화인민공화국의 건국과 함께 완성된다.

이 과정에서 중국공산당은 한 손에는 통일전선, 다른 한 손에는 3전을 들고 급진적으로 세를 불려 나갔다. 중국공산당의 역사는 13인에서 시작되었다. 창당 첫해던 1921년에만 해도 당원은 50여 명에 불과하였다. 하지만 1937년에 이르러 그 수는 4만 명으로 급증한다. 중국 대륙의 인구가 1928년에 4억 7천만, 1949년도에 5억 4천만으로 소폭 증가하였음을 볼 때, 1937년도 공산당 당원의 수는 중국 인구 1%에도 미치지 못하는 아주 작은 비중이었다.

그럼에도 중국공산당은 1938년에 『당원의 대량 발전에 관한 결의(关于大量发展党员的决议)』를 발표하며 당원 늘리기에 박차를 가한다. 이 방침은 지금의 당원을 10배, 100배 대량으로 증원하겠다는 결의를 담았다. '적의 후방에서 당을 크게 발전시키고, 창립해야 한다. 속도는 빨라야 하고, 양도 많아야 한다(敌后方应大量的发展党, 创立党。速度要快, 量要多)'는 것이 골자였다. 이후의 통계 수치는 중국공산당의 방침을 성공적으로 축하했다. 1년 사이 중국공산당원은 50여만 명으로 급증한다.[14]

중화인민공화국이 건국을 알린 1949년에 공산당원은 449만 명을 기록하였다. 1956년에 1천만 명, 1969년에는 2,200만 명을, 1977년도에는 무려 3,500만 명을 돌파했다. 개혁개방을 결정한 1978년에는 약 3,700만 명이 공산당 당적에 이름을 올렸고, 그로부터 40여 년이 지난 2022년에는 대한민국 인구의 2배에 가까운 9,800여만 명이 중국 공산당원이 되었다. 현재 중국 인구가 14억을 웃돌기 때문에 이러한 수치가 크게 와 닿지 않을 수도 있다. 그러나 당원 가입이 갈수록 더욱 엄격해지고 까다로워진다는 점을 고려해 보면, 현재의 증가율은 중국공산당에 있어 상당

---

14 당시에는 국민당의 성장이 두드러졌다. 1924년 17만 5천여 명이던 당원은 1927년에 100만여 명으로, 1937년 1월에는 무려 154만여 명까지 늘어났다. 王奇生, "战前党员群体分析", 『党员, 党权与党争』(社会科学文献出版社, 2018) 참조.

한 자부심이라고 할 수 있다. 더욱이 중국공산당은 이들 당원이 오늘날 중국의 성장을 견인한 주요 동력이자 자원이라며 무엇보다 큰 가치와 의의를 선사한다.[15]

중국공산당이 이렇듯 단기간에 급성장할 수 있었던 이유는 다양하다. 그러나 이 책의 관점에서만 본다면, 이는 중국공산당 영향력 공작의 성과이다. 중국공산당이 그만큼 선동과 선전, 회유와 기만에 능수 능란하다는 방증이다. 어떻게 해서든 자신의 세력을 확대하려는, 상대방을 전복시키기 위해 수단과 방법을 가리지 않는 면모를 단편적으로 보여준 결과라 할 수 있다.

차곡히 쌓아온 역사적 경험을 토대와 무기 삼아, 중국은 이제 해외로 나아가려 한다. 포섭에 능수능란한 중국공산당은 통일전선 전략을 해외 대상국의 실정과 상황에 맞게 잘 적용하고 동원한다. 그러나 이런 중국공산당의 '성과'는 해외언론과 관찰 기구(싱크탱크)를 통해 점차 서구 사회에 경종을 울리기 시작하였다. 우리나라에서도 2022년 말 일명 '동방명주'라는 사건으로 공작의 실태가 일부 노출되었다. 그동안 우리는 중국의 영향력 공작 활동에 심증적으로나 정황적으로 많은 의구심을 지니고 있었다. 하지만 물증이 없었다. 물론 물증이 있더라도 우리의 사법 당국이 조사나 수사를 진행할 수 있는 법적 권한은 존재하지 않는다. 동방명주 사건이 중국 비밀경찰의 '존재' 가능성을 한껏 끌어올리면서, 중국의 영향력 공작 문제와 실태가 점차 수면 위로 떠오르고 있다. 해당 사건은 중국의 영향력 공작이 우리 사회에서도

---

15 李忠杰, "理论周刊·庆祝中国共产党成立100周年特刊", 『北京日报』, 2021년 6월 28일.

은밀하고 오랫동안 진행되었다는 방증이었다.

4-3 은밀하게 진행하는 중국의 통일전선

영향력 확대 전쟁에 나선 중국이 보기에 우리 사회는 안성맞춤의 여건과 조건을 갖추고 있다. 우리는 분단 이후의 역사 속에서 다양한 형태의 종북과 친북의 세력을 맞이하였고, 북한 노동당의 대남전술 역시 다양한 경로를 통해 경험하였다. 이런 우리의 역사적 경험과 정치·인구학적 구조는 중국 영향력 공작에 상당히 가치 있는 자원이다. 북한 노동당의 대남전술 또한 통일전선에 기반한 심리전, 여론전, 법률전 등으로 표출되었기 때문이다.

북한 노동당의 통일전선은 중국공산당의 그것과 별반 차이가 없다. 두 당의 성격과 사용하는 전략 및 전술 모두가 공산주의와 그 교리를 추구하기 때문이다. 더 거슬러 올라가면 이들은 소련 공산당과 코민테른의 수제자라는 공통된 출신 배경을 공유한다. 코민테른의 교육을 착실히 받은 탓에 이들이 한국에서 벌이는 영향력 공작은 유사한 경로를 통해 침투를 시도한다.

공산주의 국가의 통일전선 대외전략에는 공통점이 있다. 우선 대상국 사회 전반 곳곳에 공산주의 분자들을 침투시켜 그 사회의 질서와 체계에 교란과 선동을 일으킬 주도 세력으로 양성한다. 그리고 사회가 혼란에 빠졌을 때, '혁명'을 일으켜 사회를 전복시키고 장악한다. 북한 노동당의 통일전선 전략 역시 마찬가지다. 혁명의 불꽃이 충분히 무르익으면, 북한과 남한 사회에 있던 공산 세력이 각각 외부와 내부에서 남한 정권을 공격하는 것이 전략의 핵심이다. 우리는 6·25 전쟁과 베트남전쟁을 통해 공산당 통일전선의 실제를 경험했다.

6·25 전쟁은 중단되었지만, 북한의 대남 통일전선 전략은 현재 진행형이다. 건국 초기의 이른바 '자유당 시대'에서 1970년대에 시작된 민주화 시대에 이르기까지, 북한은 우리 사회질서를 선전·선동하고 교란했다. 남로당은 자유당 시대에 '공식적인' 정당 활동을 하면서 우리 사회에 혼란을 유발하려는 다양한 정치적 공작을 시도했다. 이후 1970년대 민주화운동이 시작되면서 북한의 사주를 받은 소위 '주사파'들의 활약도 우리는 경험했다. 이들은 노동자들 사이에 침투하여 불법적인 노조 결성과 파업에 앞장섰다. 이른바 '노동운동'을 조직화하고, 정치화했다.

1980년대에는 북한을 찬양하다 못해 노골적으로 북한을 지지하는 반미 구호를 외쳐댔다. 친북/종북, 반미 세력은 민주화의 진전과 함께 그들 자신의 사회적 지위도 약진하자, 선동 대상을 점차 확대하기 시작하였다. 우리 사회의 기존 체제와 질서 체계를 자신들의 정치적 철학과 정체성에 부합하는 것으로 전향시키려는 전술적 전환이 시작된 것이다.

이를 위해 저들은 이른바 '살라미 전술(salami tactics, 하나의 과제를 여러 단계별로 세분화한 뒤 하나씩 해결해 나가는 협상 전술)'을 가동한다. 공산주의 정치철학과 친북, 반미 정체성을 가진 사회질서와 체계를 점진적으로 확립하기 위함이다. 급진적인 변화가 자칫 반작용을 일으킬 수 있기에 그들은 점진적인 전환을 선호한다. 또한 기존의 제도와 법이 허용하는 범위 내에서 이를 달성하여 대중의 지지 역시 확보하고자 한다. 상당히 치밀하고 은밀한 영향력 공작이다.

은밀한 영향력 공작은 차세대를 겨냥하는 학교교육도 놓치지 않는다. 학교의 역사교육에서 역사에 대한 자긍심과 자부심을 고취시키기 보다는 피해 의식에 사로 잡히게 하는 인식 구조를 배양시키는 방법을 채택한다.

저자는 미국과 중국에서 이들의 국사(國史)와 세계사를 모두 교육받았다. 모두가 자신에게 유리한 역사적 사실을 교육하려는 게 공통된 현실이다. 불리한 사실(史實)은 누락시키거나 가르치지 않는다. 물론 가끔 불리한 사실이라도 경중을 두고 선별적으로 소개하려는 경향을 보이기도 한다. 그러나 오늘날 몇몇 역사 교사의 교육방식은 전문적 학문연구 수준에서 쟁점 부분의 경중을 따져 가르치기보다, 교사 자신의 혹은 그가 추종하는 역사관에 부합하는 사실을 일방적으로 유권해석한 뒤, 학생에게 주입하는 데 편중되어 있다. 즉, 교사의 정치철학, 역사관, 세계관, 이념에 따라 사실을 선별하는 방식으로 교육한다. 이런 '사실'은 국민적 합의가 없는, 사견과 사적인 선택 및 선호도에 매몰된 것에 불과하다.

우리나라의 미래를 짊어질 이들에게 역사 교육은 균형 잡힌 역사관과 논리에 입각하여 실시되어야 한다. 그렇지 않으면, 이는 명백히 교사로서의 본분을 망각하거나 상실한 것이다. 저들은 편파적인 시각에서, 때로는 사실을 왜곡하는 역사 교육을 마다하지 않는다. 우리나라의 자유민주주의 국가 정체성을 폄훼하기 위한 것 외에 달리 설명하기 어려운 언동이다. 가령, 6·25 전쟁을 남한이 북침한 전쟁이라고 교육하는 것은 교사의 양심을 판언행이라고 할 수밖에 없다. 이 같은 역사 왜곡이 바로잡히지 않는다면, 미래 세대를 포함한 우리 사회 구성원들의 인식구조는 저들이 바라는 방향으로 더욱 굽어지고 굳어질 것이다.

중국의 3전은 통일전선에서 출발한다. 통일전선은 소련 공산당이 고안한 전략으로 열세에 처한 당의 입지와 정치적 위상을 확대하는 데 목적이 있었다. 이를 위해 공산당은 내부적으로 기존 정권을 전복시켜 정권을 장악하는 데 주력하는 한편, 국민에 공산주의를 확산시켜 당원으로 흡수하는 데 또한 열중하였다. 외부로는 기존 정권이나 식민주의, 제국주의에 반대하는 세력과 결탁하여 연대, 연합, 제휴 등의 방식으로 세를 부풀려 갔다. 그리고 이들의 세가 정권에 맞설 정도로 성장하면, 물심양면으로 이들의 이른바 '민족해방'의 혁명을 지원하였다.

우리나라 제도권 정치에 진출한 화교 출신의 인사는 없다. 중국 출신 인사도 없다. 반면 운동권 출신의 친북, 친중 성향의 인사는 상당수 있다. 학자층과 영향력 있는 사회지도층 가운데에서도 그들은 각자의 분야에서 상당한 약진을 보이며 사회적으로 높은 지위와 명망을 쌓아가고 있다. 이는 서구와는 확연히 대비되는 우리나라만의 독특한 구조적 특성이다. 중국은 바로 이점을 이용하려 든다.

중국은 특히 우리의 정당, 제도권 정치 인사들을 적극 이용한다. 단편적인 예시로, 2021년 새해가 찾아왔을 때 당시 집권당 의원들은 앞다퉈 '중국 인민'에게 새해 인사를 건넸다. 이는 매우 이례적이었다. 한중 수교 이후 전례 없는 언행이었기 때문이다. 그해 7월 1일 중국공산당 창당 100주년을 맞이하였을 때는 여당 대표가 중국 측에 축전을 보내기도 하였다. 당시 여당의 대중 외교가 유례없는 행보를 지속하는 데에는 국내 정치권력 구조의 작용이 있다. 민주당은 김대중 정부 이후 세 번째 집권에 성공하고, 국회 의석 중 과반수인 180석을 장악하면서 기존의 친중 외교 행보를 강화하기 시작하였다. 이들에게 친중 외교는 거칠 것 없는 선택이다.

중국에 기울어진 태도를 유지하는 가장 큰 이유는, 이들이 고수하는 정치적 철학과 이념, 정체성이 중국과 높은 유사성을 보이기 때문이다. 그 결과 이들은 중국에 과하게 경도되는 친중 외교를 추구하다 못해, 우리의 가치와 정체성, 실리, 국익 등을 왜곡하는 행보도 마다하지 않는다.

진보 성향의 정치인들은 중국이 주장하는 바에 모두 동참하려 든다. 시진핑의 중국이 추구하는 인류 운명 공동체에도 강한 긍정과 참여 의사를 가지고 있다. 우리나라가 중국과 다른 가치와 이념을 추구하고 있음에도, 귀와 눈을 감은 채 중국과 운명을 함께 해야 한다고 주장하고 있다. 이들은 자신들의 의지를 중국의 공동체 원칙으로 합리화한다. 중국은 인류, 문화, 종교의 다양성에 대한 존중을 운명공동체의 전제로 삼았다. 그리고 이들은 이를 액면가 그대로 받아들이고 맹신하고 있다. 한 공동체로 운명을 함께 하기 위해서는 어느 정도의 공통된 가치, 이념, 규범, 그리고 인식의 공유가 필요하다. 그러나 중국은 이런 기본적인 공동체의 전제조건을 무시하고 있으며, 또한 이를 문제로 여기지도 않고 있다. 왜냐면 앞서 언급하였듯, 그들은 이미 중국과 정치적 철학, 정체성, 가치, 이념, 인식을 기본적으로 공유하고 있기 때문이다.

따라서 한국을 대상으로 영향력 공작을 펼 때, 중국은 특정 정당만 집중적으로 공략해도 절반의 성공을 가져간다. 중국공산당이 실제 이런 계산을 하고 있다는 방증은, 2017년 이후부터 우리 국회, 의원, 학자, 전문가 등과 가진 일련의 교류 활동과 사업이 모두 특정 정당과 해당 정당의 관련 인사에만 집중되어 있다는 사실에서 쉽게 찾아볼 수 있다.

2015년 8월 5일에 중국을 방문한 서울 시장은 중국의 성장에 편승하면 우리에게도 이익이라며 "파리가 10,000리를 가는데 날아갈 순 없지만, 말 궁둥이에 딱 붙어 가면 갈 수 있다"라는 낯 뜨거운 발언을 서슴없이 내뱉었다.[16]

이 같이 낯부끄러운 일은 대통령에게까지 이어졌다. 2017년 12월 15일 베이징대를 방문한 우리 대통령은 우리를 작은 봉우리에, 중국은 큰 산에 비유하면서 중국의 포용을 공개적으로 호소하였다.[17] 그리고 3일 뒤, 우리의 신임 주중대사는 신임장을 받는

---

16 "박원순 '파리가 말에 붙어 가듯 우린 중국 붙어야'", 『시사포커스』, 2015년 8월 5일.

자리에서 '만절필동 공창미래(萬折必東, 共創未來)'라는 문구를 방명록에 남겼다. '만절필동'의 문헌적 의미는 '(황하의) 강물이 일만 번을 굽이쳐 흐르더라도 반드시 동쪽으로 흘러간다'이다. '일이 곡절을 겪어도 이치대로 이루어진다'라는 것을 뜻한다.

그러나 문구의 역사적 유래에서 보면 이는 '천자를 향한 제후들의 충성'이다. 16세기 말 임진왜란이 종결된 이후 조선의 선조는 원군을 파병해 준 명나라에게 직접 감사의 뜻을 담아 주문(奏文)을 올렸는데, 여기서 적은 문구가 바로 "만절필동, 재조번방(萬折必東, 再造藩邦)"이었다. '황하가 결국 동으로 흐르듯, (명나라가) 제후의 나라(조선)를 다시 일으켜 세웠다'라고 명나라를 칭송하는 것이다. 결국, 이는 명나라를 향한 조선의 변함없는 충성 서약이었다.[18]

이밖에 중국의 꿈을 추앙하다 못해, 중국이 추진하는 국책 사업을 우리나라 정부 정책과 연계하기 위해 억지를 부리기가 부지기수다. 중국의 일대일로 사업에 당시 정부가 추진한 '신남방정책'과 '신북방정책'을 연계하려는 발언이 대표적 사례라 할 수 있다. 이는 당시 중국이 주장하는 일대일로 사업을 여과 없이 전면적으로 수용한 결과다. 앞 장에서 이미 보았듯, 중국의 일대일로 사업은 순수한 경제 건설 사업이 절대 아니다. 군사 전략 사업의 면모를 갖춘 사업이기에 외국과 협력할 수 없는 내재적 문제를 안고 있다.

---

17 "中 바짝 껴안는 文대통령…'높은 산봉우리' '중국몽, 모두의 꿈'", 『연합뉴스』, 2017년 12월 15일.
18 "천자에 충성?… 노영민 주중대사 '만절필동' 논란", 『조선일보』, 2017년 12월 18일.

4-4 저자세 외교 고질병과 중국 초한전의 면역체계 붕괴

상기한 바와 같이 중국에 대한 우리 최고지도자의 환상, 강박관념과 사대적인 저자세 외교는 중국 초한전을 겪고 있는 우리의 면역력을 떨어뜨린다. 그리고 우리 사회를 다시금 양분화로 이끌고 간다. 진보와 보수가 아닌, 최고지도자와 국민 간의 괴리가 발생한다. 최고지도자들은 국익, 즉 중국 시장과 북한 문제, 그리고 통일을 이유로 중국과의 협력에 집착한다.

이런 편집증에 가까운 집착은 중국에 한 수 접고 접근하려는 악습관을 길러냈다. 그리고 중국이 우리를 진보와 보수로 갈라치기 할 뿐 아니라, 지도자와 국민 사이를 이간할 수 있는 충분한 정치적, 심리적, 여론적 공간을 형성해 내었다. 역대 대통령 임기 가운데 출현한 사례를 다음과 같이 정리할 수 있다.

[사례 1] 첫 단추를 잘못 끼운 한중 수교 협상이다. 1990년대 초부터 시작된 수교 협상은 두 나라 간의 역사적 문제를 해결할 기회를 날려 보냈다. 수교 당시 해결했어야 할 역사문제는 중국의 6·25 전쟁 개입에 대한 사과였다. 하지만 정권 임기 만료전인 1993년까지 수교를 이루고 중국에 공식 방문하고 싶었던 당시 대통령은 시간에 쫓길 수밖에 없었다. 역사문제의 청산은 본질적으로 상당한 시간을 요구한다. 대통령의 의중을 파악한 중국은 이 문제에 대해 시간 끌기식의 자세로 일관하였다. 그 결과

중국의 사과는커녕 문제 자체를 제대로 논의하지도 못했다. 그러면서 이 문제는 '미제 사건'으로 영면했다.

[사례 2] 1990년대 탈북자 문제에 대해 '조용한 외교'를 선택한 것이 문제였다. 정부는 탈북자들의 한국 송환을 중국 측에 공식 요청하였다. 우리 헌법에 따른 정당한 요구였음에도 불구하고, 중국의 강경한 거절에 부딪히며 결과적으로 우리의 중국 '눈치 보기' 외교를 본격화한 결정적 계기가 되었다. 중국은 북한과의 관계를 의식해, 탈북자들이 중국을 경유하여 한국으로 귀순하거나 국제법적 난민 지위를 인정받는 것에 반대하였다.[19] 이후부터 우리 정부의 중국 '눈치 보기' 외교가 시작되었다.

정부는 중국의 강경한 태도로 탈북자 문제가 외교적 문제로 승화되고, 나아가 국제화되는 것을 방지하기 위해 '조용한 외교'를 선택하였다. 당시의 선택은 우리가 견지하는 자유민주주의의 가치를 투영하지 못한 못난 선택, 나아가 탈북자 문제에서 중국의 협조를 여전히 기대하기 어려운 주된 배경이 되었다. 덕분에 탈북자의 귀순을 도와준 우리 국민이 중국 당국에 체포되고 투옥되어도 우리 정부 당국은 이들의 권익과 권리 보호를 요청하기는커녕 손사래만 친다. 모두 우리나라의 기본 가치에 어긋나는 처사고, 중국에게 외교적 약점만 잡힌 악수(惡手)였다.

[사례 3] 중국 동포에게 귀화 법안 적용을 지연하면서 중국의

---

19 "中 '탈북자 난민인정 못해'", 『국민일보』, 2001년 12월 7일.

본격적인 '한국 길들이기'를 자초하였다. 동시에 우리의 중국 '눈치 보기' 습관을 스스로 강화하였다. 1999년에 「재외동포의 출입국과 법적 지위에 관한 법률(재외동포법)」을 제정하는 입법 작업이 개시되었다. 이 과정에서 우리 정부와 대통령은 중국 측의 반발을 미리 우려하는 중국 '눈치 보기' 외교를 스스로 고착시켰다.[20] 해당 법안은 1948년 정부 수립 이전에 해외로 나가 해외 국적을 취득하였지만, 국내 호적을 입증할 수 있는 동포에게 대한민국 국적을 회복하게 해주려는 목적으로 통과되었다.[21]

그러나 우리 정부는 중국 눈치를 심하게 보면서 중국 동포에게는 법 적용을 우선 늦추기로 하였다.[22] 당시 우리가 중국의 눈치를 보게 된 원인은 중국에 있었다. 중국은 이중국적을 불허한다.[23] 따라서 중국 동포는 국적을 하나만 선택해야 한다. 자국의 인구 유출을 우려하는 중국으로서는 우리 법안에 불만을 가질 수밖에 없었다. 그 결과 처음으로 우리 국민에 대한 제재가 결정되었다. 법안 통과에 책임이 있는 우리 국회의원의 중국 비자 발급 신청을 거절하는 조치였다.[24]

이후 사법주권, 의사 결정의 자주성, 법의 형평성에 대한 국내

20 당시 주중 한국대사관의 관계자는, "99년 재외동포법 시행 때 중국 동포가 제외된 것은 중국 정부가 '중국 국민인 조선족이 한국 국내법의 대상이 될 수 없다'며 강력히 항의했기 때문"이라며 "재외동포법이 개정되더라도 중국 정부의 협조 없이는 외교 마찰만 불러일으킬 뿐 실효를 거두기 어려울 것"이라고 말했다. "재외동포법 개정 상당한 진통 예상", 『동아일보』, 2001년 11월 30일.

21 "각의, 재외동포법 공포안 의결", 『연합뉴스』, 1999년 8월 31일.

22 "재외동포법 적용대상서 조선족, 고려인 제외", 『연합뉴스』, 1998년 12월 4일.

23 "中대사 '한국 조선족문제 신중을'", 『연합뉴스』, 2001년 12월 6일; "리빈 中대사 '조선족은 중국 국민'", 『동아일보』, 2001년 12월 6일.

24 "中, 한국의원 비자 또 거부", 『국민일보』, 2002년 3월 13일.

여론과 중국 동포의 불만과 항의가 거세지자, 해당 법안의 개정이 시작되었다. 개정안은 2003년에 통과 및 발효되었다. 하지만 중국 당국이 다시금 거세게 반기를 들면서 중국 동포는 법의 적용을 하염없이 기다릴 수밖에 없었다.[25] 해당 법의 적용은 한중 관계가 개선된 2008년까지 지연되었다. 중국의 '한국 길들이기'가 일정 정도 성공한 셈이다.

[사례 4] 고대사 왜곡 문제로 우리는 중국에 더욱 길들여졌다. 90년대부터 시작된 '조용한 외교'의 결과였다. 2004년 중국이 우리의 고구려사를 왜곡하고 자신의 역사에 편입시키는 이른바 '동북공정' "사건"이 발생한다. 많은 국민이 거리로 나서 중국을 규탄했다. 그러나 정작 정부는 또다시 저자세 외교로 나아갔다. 2차 북한 핵 위기 사태, 6자회담과 경제문제가 발목을 잡는다는 것이 정부의 해명이었다.

당시의 배경을 보면 국민이 분노할 이유는 충분했다. 2003년 7월 7일 중국의 사스(SARS) 사태가 진정되어 가던 시기에 우리 대통령이 '위기를 국익 극대화로 이용하는 외교'의 마음으로 중국을 방문한다. 중국 언론은 그가 사스 사태 이후 중국을 방문한 첫 외국인 지도자라고 일제히 호평했다.[26] 사스 공포감에도 불구하고 우리 대통령의 방문 용단에 중국은 아낌없는 찬사를 보냈다.[27]

---

25 "'재외동포법안' 韓·中 외교마찰", 『한국경제』, 2002년 1월 7일.
26 "[한·중 정상회담] 盧대통령 訪中 첫날 안팎", 『경향신문』, 2003년 7월 8일.
27 "[한·중 정상회담] 中언론 '극진'", 『경향신문』, 2003년 7월 7일.

그러나 환대는 오래가지 않았다. 이듬해 2004년 고구려의 역사를 왜곡하는 중국의 '동북공정' 사태가 터졌다. 이를 무마하기 위해 중국 특사 우다웨이는 '5개의 양해사항 구두합의'를 담은 "쪽지"를 제시했다.[28] 그는 쪽지의 내용이 후진타오[胡錦濤]의 구두 메시지라는 기가 막힌 설명을 곁들였다. 쪽지의 합의는 끝내 지켜지지 않았다.[29]

당시 정부는 중국 지도자들이 고구려사 문제의 해결을 위한 한중 양국의 공동 연구와 작업을 약속했다며 국민을 진정시키려 하였다.[30] 특히 2006년 후진타오가 한국을 방문하였을 때 이를 확정하였다고 강조하였다.[31] 결과적으로 중국은 약속을 지키지 않았다. 2008년에 '동북공정' 사업의 종결이 발표되었으나, 사실 아직도 진행 중이다. 저자세로 침묵하는 정부를 대신해 길거리로 나선 국민에게 돌아온 것은 치욕과 굴욕뿐이었다. 고구려는 끝내 중국 역사로 영원히 박제되었다.

[사례 5] 우리 정부는 중국이 화(禍)를 겪을 때마다 이를 한중

---

28 5개 사항에는 ▲한중 양국은 고구려사 문제가 양국 간 중대 현안으로 대두된 것을 유념 ▲역사문제로 인한 한·중 간 우호협력관계 손상 방지를 위해 노력, 한중수교 공동성명 및 양국 정상 간 공동성명에 따라 전면적, 협력적 동반자 관계로의 발전을 위해 공동 노력 ▲고구려사 문제의 공정한 해결을 위해 필요한 조치를 취하고 정치문제로 비화되는 것 방지 ▲중앙-지방 정부 차원에서 고구려사 왜곡 방지 및 초중고 역사교과서 개정에 왜곡 내용 수록 중지 ▲양측 간 학술교류의 조속한 개최 노력 등이 포함되었다. "中, 역사교과서 왜곡 '일단 중단' 약속", 『프레시안』, 2004년 8월 24일.

29 "'중국측이 유감 표시했나?'... '없었다'", 『오마이뉴스』, 2004년 8월 29일.

30 "이러다 조상을 빼앗길 판국인데 강탈자와 대면해 족보나 뒤적이나", 『오마이뉴스』, 2004년 8월 29일.

31 "韓中정상 역사문제 '사려깊은 조치' 합의", 『연합뉴스』, 2006년 10월 13일.

관계의 발전 기회로 활용하려 했으나 역효과만 보았다. 2008년 5월 12일 중국 쓰촨성에서 대지진이 발생하자 대통령은 중국으로 '조문외교'를 단행한다. 대지진은 7만여 중국인의 목숨을 앗아갔다. 이에 우리 정부는 구호물자, 의료 약품과 현금 100만 달러 등 총 500만 달러를 지원했다. 44명의 구조인력도 파견하였다. 그리고 5월 27일에는 베이징을 방문한 대통령이 직접 쓰촨성 대지진 현장을 방문하여 애도의 뜻을 전했다.[32]

당시 우리 정부의 설명은 이웃 국가로서 서로 배려하고 돕는 건 당연하다는 것이다. 합당한 이유고 틀리지 않았다. 그러나 '전화위복'을 기대한 우리에 전해진 것은 정반대의 결과였다. 이웃의 정이니 배려니 하는 낭만에 빠져, 사태가 진정된 중국은 '배은망덕'해진다는 사실을 망각한 탓이다. 중국은 다시 우리를 약소국으로 치부한다.[33] 우리에 대한 고마움도 잠시, 중국은 다시 '정상'적인 외교라며 우리의 뒤통수를 친다.

당시 우리 대통령은 한중 양국의 기업인이 모인 자리에서 양국 간 역내 경제협력을 강화해 서해(황해)를 공동의 발전을 일궈낼 수 있는 공동의 바다로 만들자고 역설하였다.[34] 그러나 그가 언급한 공동의 바다, 즉 발전의 '내해(內海)'화 구상은 중국에 의

---

32 "한.중관계, 경조사 외교로 더욱 돈독히 한다", 『연합뉴스』, 2008년 5월 29일.

33 이런 중국의 인식은 2010년 7월 베트남 하노이에서 개최된 아세안지역포럼(ARF) 외교장관회의에서 중국 외교부장 양제츠(杨洁篪)는 대놓고 "중국은 대국이고, 다른 나라는 소국이다. 이것이 사실이다."라는 공개 발언에서 드러났다. Michael Pompeo, "U.S. POSITION ON MARITIME CLAIMS IN THE SOUTH CHINA SEA," Press Statement, US Mission to ASEAN, July 13, 2020,

34 "李대통령 '황해를 `내해'로 만들자'(종합)", 『연합뉴스』, 2008년 5월 28일.

해 역이용당했다. 2010년 천안함 폭침 사건 이후 중국은 오히려 우리의 서해를 자신의 '앞바다'로 명명하며 우리와 미국과의 군사 훈련을 저지하는 데 성공하였다. 역사의 아이러니가 목격되는 순간이었다.

[사례 6] 결국 중국은 북한 일변도에서 벗어날 수 없고 우리를 무시할 수밖에 없다. 쓰촨성 지진 '조문외교'에도 불구하고 2010년 3월 천안함 폭침 사건이 발생하자 중국은 이른바 '합동 조사 결과보고서'의 결론에 유보적인 입장을 드러냈다.[35] 보고서는 사건의 주범으로 북한을 지목하고, 폭침 원인도 북한의 소행으로 결론지었다. 보고서가 나오기까지 중국은 국제 공동조사위원의 참여 요청도 거부하고 조사 결과 보고서의 수용도 거절하였다.[36] 사상한 우리 장병에 대한 애도 메시지도 사건 발생 46일 만에 전달했다.[37] 같은 해 11월에 발생한 북한의 연평도 폭격 사건은 중국 관영매체가 현장에서 생중계하기도 하였다. 사건의 전말을 직접 목격했음에도 중국은 또다시 북한 편에 섰다. 북한의 주장과 같이 우리 군이 북한의 경고를 무시하여 발생한 사건으로 치부했다.

더 뼈아픈 것은 그 이후였다. 북한의 재도발을 대비해 한미는 서해에서 연합훈련을 계획했다. 그러나 이는 중국의 거듭된 터

---

35 "미·일 '한국 대응 적극 협조' 中·러는 구체적인 언급 피해", 『서울신문』, 2010년 5월 20일; "美·日 '北침략 강력 규탄' vs 中·러 '확실한 증거 있어야'", 『서울신문』, 2010년 5월 21일.

36 "원자바오 '中, 결과 따라 누구도 비호하지 않겠다'(종합)", 『아시아경제』, 2010년 5월 30일.

37 "후진타오 '천안함 희생자 위로'", 『매일경제』, 2010년 4월 30일.

무니없는 경고로 무산된다. 내용인즉슨 서해가 중국의 '앞바다'이기에 한미 연합군사훈련을 용인할 수 없다는 것이다.[38] 어떠한 연유에서인지 천안함 사건 이후 한미 연합해상훈련은 2023년까지 서해에서 단 한 번도 실행할 수 없었다. 그러면서 우리의 서해 주권은 실제로, 실질적으로 점차 유명무실해졌다. 이후 중국의 불법조업이 기승을 부리기 시작하며 이를 단속하던 우리 해경특공대원이 중국 어민에게 피살당하는 사건이 발생했다. 당시 중국 측 반응은 우리 국민을 또 한 번 격앙시켰다. 중국은 2명의 사상자를 낸 사건에 대해 아무런 반응도 보이지 않고 오히려 자국 어민의 권익 보장과 인도적 대우를 요구했다.[39]

중국의 태도에 실망한 우리 대통령은 2012년 초로 예정된 중국 방문 취소를 심각하게 고민하였으나 끝내 강행하는 것으로 일단락지었다.[40] 정계는 방문을 통해 대통령이 중국에 직접 항의할 것을 촉구했다. 그러나 이와 관련해 중국 측과 사전 조율 없이 대통령이 끝내 방문을 강행한 사실에 국민은 실망을 감추지 못했다.

---

38 Xinhuanet, June 6, 2010,
    http://news.xinhuanet.com/world/2010-07/06/c_12305072.htm(accessed
    June 7, 2010); Yonhap News, July 7, 2010; Chinese Foreign Ministry
    Spokesperson's Press Briefing, July 8, 2010,
    http://www.fmprc.gov.cn/chn/gxh/tyb/fyrbt/jzhsl/t714888.htm(accessed July
    11, 2010, and July 13, 2010),
    http://www.fmprc.gov.cn/chn/gxh/tyb/fyrbt/jzhsl/t716403.htm(accessed July
    16, 2010).

39 "중국, 해경 사망엔 사과 한마디 않고 … 어민 권익 보장 - 인도적 대우 요구", 『중앙일보』, 2011년
    12월 13일.

40 "靑 '中 해양주권침해 강력 대처'", "한·중 외교갈등 비화조짐… MB 방중 취소 가능성 시사", 『헤럴
    드경제』, 2011년 12월 13일.

[사례 7] 2015년 10월 1일 우리 대통령의 중국인민해방군 열병식 참석 사건이다. 당시 우리 대통령은 우방의 반대를 무릅쓰고 중국군의 열병식에 참석하기로 결정하였다. 천안문광장의 망루에 올라서면서 이른바 '망루 외교'가 연출되었다. 한중 관계의 우호가 절정에 달하는 순간이었다. 그러나 다른 한편, 우리 우방과 주변국의 눈에 한국이 명백히 중국으로 기울어지는 순간이었다.

중국의 환대는 오래가지 못했다. 2016년 1월 6일 북한의 4차 핵실험 후 우리 대통령이 시진핑 중국 국가주석에게 핫라인 전화 통화를 몇 번이나 시도했으나 모두 이루어지지 않았다.[41] 두 정상의 통화는 한 달 뒤인 2월 5일, 북한이 장거리 미사일 발사 시험을 성공한 이후에 비로소 성사되었다. 통화에서 우리는 북한 도발에 대한 국제사회의 제재에 중국의 협조를 주문했다. 그러나 돌아온 것은 시진핑의 동문서답이었다. 도리어 그는 사드 배치의 위험성을 강조하며 배치 반대의 이유를 설득하려 했다. 이런 중국의 일관된 무성의하고 '모르쇠'하는 태도가 우리 대통령의 사드 배치 결정을 촉발한 결정적인 이유였다는 후문이 있다.

4-5 꿀 먹은 벙어리 된 중국 전문가들

답답한 정부와 더불어 국민의 화(禍)를 가중하는 것은, 소위 말하

---

41 "한·중 정상, 5일째 불통…이유는?" 『MBN뉴스』, 2016년 1월 10일; "시진핑 '모르쇠'에… 박근혜 정부 통일외교 곤혹", 『세계일보』, 2016년 1월 12일.

는 '중국 전문가'의 부족한 역할이다. 이들도 이념과 정치적 철학, 정체성에서 양분되어 우리 국민의 혼란을 더해주고 있기 때문이다. 우리 정당과 정치인들이 국익을 볼모로 중국에 경도된 외교에서 벗어나지 못하면 전문가라도 나서서 이들을 계몽하고 우리의 외교 균형을 바로잡기 위해 적극 나서야 한다. 현실은 그러나 이와 정반대의 양상을 보인다. 전문가들은 오히려 이 같은 양심을 스스로 거부한다. 정당 및 정치인들과 연대, 협력하면서 자신의 영달을 추구하는 것이 더 중요하고 시급하기 때문이다. 이는 국가와 국익을 우선 생각하는 전문가들이 희박하다는 방증이다.

국가와 국익을 생각하면서 잘못된 인식, 편견, 오해는 반드시 바로 잡아야 하는 것이 이들의 책무다. 이들은 많은 시간을 투자하여 학문을 연마하고, 진리를 탐구하는 데 많은 노력을 기울였을 것이다. 그러나 막상 지금껏 쌓아온 지식과 능력이 필요해졌을 때, 개인적인 영달을 위해 이를 부정하는 언행으로 일관한다. 학자의 양심을 팔아먹으면서까지 말이다. 이런 실정을 인지한 중국에게 우리 전문가는 좋은 먹잇감이다.

이들은 자신의 신념, 철학, 이념, 가치에 과도하게 충성하면서 진리와 사실을 무시하고 간과하는 행위를 일삼는다. 이들의 주장을 보면 '반쪽짜리 세상'만을 인식하는 것 같아 안타깝다. 그래서 이들의 발언과 주장이 논리적이지 않고 설득력 없는 궤변이라 개탄스럽기까지 하다. 예를 들어, 이들은 북한 핵 문제를 논할 때 모든 책임을 미국과 한미동맹에 전가한다. 그리고 한미동맹을 우리의 해결 능력을 제약하는 주된 원인으로 책망한다. 한미동맹 때문에 우리의 외교 자율성이 사라졌다는 식의 논리를 설파한다.

이들의 안중에 북한과 중국은 없다. 북한이 핵무기 개발을 지속한 결과로 핵 문제가 위협을 넘어 현실이 되었다는 사실을 묵인한다. 이들은 한미동맹, 주한미군, 그리고 한미 연합훈련 등이 북한이 핵을 개발하는 데 중요한 동기와 원인을 제공하였다며 북한 및 중국과 일치된 주장을 내뱉는다. 그러면서 그들과 마찬가지로 모든 책임을 우리의 동맹인 미국에 전가한다. 알다시피 1970년대 중반까지 북한은 군사력과 경제력 면에서 모두 남한을 앞섰다. 그러나 1980년을 기점으로 상황은 점차 역전되기 시작하였다. 당시 중국 지도자 덩샤오핑(鄧小平)이 미국 국방장관 캐스퍼 와인버거(Caspar Weinberger)와의 회담에서 '북한은 남한을 전쟁으로 이길 수 없다'라고 고해성사한 것은 유명한 일화이다.

1991년 옛 소련이 붕괴하면서 북한은 재래식 무기를 얻을 공급처를 상실한다. 당시 중국이 북한에 무기를 제공한 적은 거의 없었기 때문에 북한으로서 소련의 붕괴는 크나큰 타격이었다. 이후 남북한 간 군사적 비대칭 구조가 급속도로 악화하자 북한은 최후의 보루로 핵무기를 선택한다. 더욱이 1975년 김일성이 중국에 자존심을 구기면서 북한의 결심은 더욱 확고해진다. 그해 여름 중국을 방문한 김일성이 덩샤오핑에게 남침을 언급하며 마지막으로 지원을 요청하였다. 하지만 덩샤오핑은 이를 일언지하에 거절하며 김일성을 무안하게 만들었다. "자주 통일"을 위해서는 자주국방이 필요하다는 사실이 김일성의 뇌리에 꽂히는 순간이었다.

우리 나라의 국제정치학계의 일부 학자에게 중국의 부상, 특히 군사적 부상은 안중에도 없다. 아니, 보고 싶지 않다. 그러니 인정할 것도 없다. 그저 안일한 생각에 잠길 뿐이다. 중국의 군사적 부상은 우리에게 위협이 되지 않는다는 얼토당토않은 궤변만 늘어놓는다. 오히려 미국이 중국의 국방현대화를 자극하고 있다며 지적한다.

　미국의 대중정책과 중국과의 관계가 어떻게 진화되었는지는 관심 대상이 아니다. 미국의 상선 '중국 황후(Chinese Empress)'가 중국과의 교역을 위해 첫 출항을 나선 이후 지난 250여 년 동안 최대한의 인내를 가지고 포용정책을 견지해 온 사실을 무시한다. 그들이 사고하기에, 도널드 트럼프 전 미국 대통령은 오늘날 미중 관계를 악화시킨 장본인이다. 지금의 조 바이든 대통령 역시 냉전적 사고로 중국을 압박하고 그의 숨통을 조이고 있다.

　중국이 불공평하고 불공정하고 비(非)정의로운 상업 행위를 일삼는 것에는 눈길조차 주지 않는다. '개도국들은 다 그래왔지'라는 만사태평이다. 미국도 중국이 개혁개방을 시작한 초기에는 고압적이지 않았다. 인내와 믿음을 가지고 중국을 설득도 해보고, 달래도 보고, 좋은 말로 다독이기도 하였다. 그러나 중국은 계속 미국을 기만하였고 결국 그 정도가 도를 넘으면서 미국을 발끈하게 하였다. 한쪽 눈으로만 세상을 보는 이들에게는 보이지 않는 사실이다. 중국의 상황과 입장을 중국 전문가로서 동정하고 이해는 할 수 있다. 하지만 중국 전문가, 북한 전문가, 국제정치학자 등 학자로 자신을 소개하거나 불린다면, 그리고 그것에 부끄럽지 않다면, 양쪽 이야기를 모두 균형 있게 보고, 읽고, 듣는 것이 도리일 것이다. 적어도 중국은 선량한 '피해자'이고, 미국은 악랄한 '가해자'라는 이분법의 세계에 갇힌 자신을 반추할 양심은 있어야 할 것이다.

앞 장에서 이미 여러 차례 설명하고 지적하였듯, 중국은 우리의 영토 주권을 실질적으로 위협하고 있다. 그런데 '우리나라'의 중국 전문가들은 중국이 몸소 보여주고 있는 위협적인 행동에 눈길 한번 주려 하지 않는다. 우리나라의 기본적인 주권 사안인 영토 주권을 공격하고 있음에도, 그리고 그 행위가 갈수록 빈번해지는데도, 눈을 감고 입을 닫고 있다. 이는 그 스스로가 대한민국 국민이 아님을 자처하는 것이다. 국제정치학자로서 자격 미달이고 후안무치이다. 국제정치학을 공부하는 가장 기본적인 이유, 곧 우리나라가 잘 생존할 수 있는 방도를 모색하는 것이 저들에게는 없다.

이들이 중국 전문가를 자처한다면 누구보다도 중국에 대한 올바른 시각을 가져야 한다. 국민이 자칫 중국을 바로 보지 못한 채 오해와 편견으로 이해하는 것을 발견한다면, 이를 정정하는 데 적극적으로 앞장서는 것이 마땅하다.

우리 중국 전문가가 균형 잡힌 시각과 입장에서 중국 문제를 보지 못하는 이유는 크게 두 가지다. 하나는 이들이 전문가가 되는 과정에서 중국 자료와 정보에 함몰되기 때문이다. 그리고 다른 하나는 저자가 주장하고 경고하는 중국의 영향력 공작에 노출되었기 때문이다. 중국 전문가들은 대부분 중국에서 수학하며 학위를 받았다. 이 과정에서 중국의 주장과 입장, 시각과 사고에 젖어 들기 쉽다. 이러한 학습 과정과 반복된 내용에 장기간 노출되다 보면 무의식적으로 세뇌당하는 것은 피하기 어려운 결과다.

이들에 대한 중국의 영향력 공작은 이들이 '전문가'로 활동하면서부터 시작된다. 중국은 학술교류라는 명목으로 부족함 없는 지원과 대우를 제공한다. 현재까지 중국이 우리 중국 전문가에 공개적으로 연구비를 지원한 사례는 극히 드물다. 미국에서 활동하는 중국 전문가나 다른 분야에서 왕성하게 활동하는 권위 있는 교수에게 대규모로 재정 지원하는 것과는 극명히 대비되는 양상이다.

대신 이들과의 학술교류 과정에서 많은 편의와 혜택을 제공하는 경우가 대부분이다. 좋은 관계를 유지하기 위함이라는 설명을 곁들이며 중국은 우리나라 전문가 본인뿐 아니라 그의 가족, 친척 등에까지 아낌없는 지원을 제공한다. 이른바 '홍색귀족(紅色貴族, 일종의 대리 부패 방식으로 간접적으로 공작대상자를 부패 수준의 혜택과 지원에 연루시키는 기법)' 전략이다.

홍색 귀족 역시 중국 초한전 전략 중 하나다. 중국이 서구에서 영향력 공작 대상의 친인척을 관리할 때 흔히 동원되는 전략 중 하나다. 예를 들어, 친인척 가운데 중국에서 비즈니스를 하는 사람이 있으면 이들을 중국 고위 관료나 재계의 영향력 있는 인사와 연계해 준다. 영향력 공작 대상자는 자신의 가족, 지인, 친구, 친척이 중국의 호의로 이득을 볼 경우, 자연스레 중국에 대한 호감도를 높일 수밖에 없다.

우리는 언론을 통하여 미국의 전·현직 대통령이 홍색 귀족 전략에 말려든 사례를 여러 차례 접했다. 트럼프 대통령의 딸과 사위가 중국에서 큰 사업을 할 수 있었던 이유도 중국의 고위층 인사들과 '꽌시(關係, 사적 인연)'를 맺은 덕분이었다. 바이든 대통령의 아들도 '꽌시'를 통해 중국으로부터 대규모 펀드 투자를 받았고, 이는 대선 때마다 바이든의 발목을 잡았다.

태평양 건너 미국의 상황이 이러한데 이웃 국가인 우리의 상황은 말할 것도 없다. 이미 많은 정황 증거들이 중국의 영향력 공작에 걸려든 우리 전문가들을 폭로하고 있다. 심증적으로도 적지 않은 학자들이 중국으로부터 적지 않은 지원과 특혜를 받았을 것으로 여겨진다. 이들에 대한 의구심을 법적 효력이 있는 증거로 공격할 단계는 아니다. 그런 증거를 찾을 필요도 아직은 없다. 서구 전문가들이 연루된 사건에 비하면 우리 학자들이 받는 지원금이나 혜택은 아직 보잘것없는 수준에 머물고 있기 때문이다. 다만 그 정도 수준에서도 중국을 옹호하고 변호하고 대변하는 데 누구보다 적극적이고 앞장서는 우리 전문가들의 모습이 안타까울 뿐이다.

역으로 이는 중국이 '저렴하게' 우리를 공작하고 있다는 방증이다. 우리나라에는 중국이 배양한 중국 전문가와 선천적으로 친중 성향을 지닌 이들이 미국보다 많다. 1990년대 중국 유학이 한창 성행하던 시절, 많은 한국인 유학생 특히 대학원생들은 운동권 출신이었다. 21세기인 지금에는 중국에서 초등, 고등 교육과정까지 거친 세대들이 중국에서 학위를 받아 한국으로 돌아오는 경우가 허다하다. 이들은 어려서부터 중국의 공산주의 교리, 민족주의와 애국주의 교육을 여과 없이 받았다. 중국의 사상과 이념이 이들의 사고와 의식에 자연스럽게 스며 들어가는 것은 당연지사다. 안타까움이 커져만 가는 현실이다.

3부

법질서 농락, 공자학원 실체

5장

우리의 사회와 법질서 농락

5-1 한국의 사법질서, 사회질서 농락 사례

2022년 9월 14일, 중국이 전 세계적으로 이른바 '비밀경찰서'를 운영한다는 소식이 타전됐다. 독일, 영국, 스페인 등 유럽 16개국을 포함하여 아시아와 아프리카에 50여 개의 비밀경찰서가 개설·운영 중이라는 언론사 보도였다. 영국 텔레그래프(The Telegraph) 신문사는 스페인의 국제인권단체 '세이프가드 디펜더스(Safeguard Defenders)' 보고서를 인용했다. 곧이어 발표된 12월 보고서는 경찰서가 설치된 국가로 우리나라를 추가 지목했다. 모두가 경악했다.

　그리고 그해 12월, 우리나라 수도 서울의 한강변 잠실 선착장에 자리 잡은 '동방명주'라는 중식당이 사람들의 입에 오르내리기 시작했다. 언론은 그를 중국 공안(경찰)이 해외에 설립한 비밀

경찰서, 즉 '110 해외 서비스 스테이션'으로 지목했다. 110은 우리나라의 112에 해당하는 중국의 공안 신고 번호이다. 외국에서 이 스테이션은 보통 음식점이나 편의점, 유통업체 등으로 위장 등록한 뒤 업무에 착수한다. 영국의 스테이션은 부동산 중개업소나 음식점 등 더 다양한 업종으로 영국의 눈을 속였다. 중국의 스테이션이 어떤 모습으로 우리 곁에 있는지 확인하기 점점 더 어려워지고 있다.

중국은 시설의 존재 및 운영을 부정하진 않는다. 다만, '비밀 경찰서'임은 부인한다. 해당 국가에 거주하고 있는 중국인의 민원 업무를 돕기 위해 설립되었다고 이들 시설을 변호한다. 이도 그럴 것이, 코로나 사태로 해외 공관의 정상 영업이 어려워지면서 해외에 거주 중인 중국인 역시 귀국하기가 어려웠던 것은 사실이다. 이런 상황에서 해당 기관은 만기가 도래한 자국민의 운전면허 갱신, 현지 언어 소통 문제로 현지 주택 등록에 어려움을 겪는 이들에게 도움 제공 등의 서비스를 제공한다는 것이 중국 측의 설명이다. 세이프가드 디펜더스의 보고서는 스테이션의 설립 명분이 '중국인을 대상으로 하는 외국의 보이스피싱 등 범죄 대응'에 있다고 부연했다.

문제는 이런 스테이션이 경찰서이든, 위장 등록한 사업체이든, 모두 불법적인 '영업 행위'를 한다는 사실이다. 이들은 개업한 나라에서 해당 당국의 허가 없이, 또는 영업 허가는 받았으나 그 범주를 벗어나 활동한다. 한 나라의 법질서를 무시하는 위법 행위, 나아가 국제적으로 약속한 '비엔나 협약'을 위반한 행위이다. 중국 당국이 지원 혹은 설립한 기관이 불법적인 영업 행위를 통해 해당 국가의 사법질서, 사회질서를 교란한다는 점에서 이들 스테이션은 매우 심각한 문제다.

더욱이 세이프가드 디펜더스가 지적하듯 스테이션이 중국 공안 당국과 협력 작전을 수행하며 해외의 반(反)체제 중국 인사를 관리하고 심지어 강압적으로 이들에 귀국을 종용하였다면 문제는 더 커진다. 중국공산당의 통일전선부와 깊게 연계되어 있을 가능성이 커지기 때문이다. 이는 중국공산당이 해외 정치범은 물론 해외에 거주 중인 자국민 역시 국제법이나 거주 국가의 법이 아닌, 자국법에 따라 다스리겠다는 의미이다.

추측에 불과하던 스테이션의 실체를 확인해 준 것은 아이러니하게도 중국 공안부였다. 2022년 8월 17일, 중국 공안부는 2021년 한 해 21만 명이, 2021년 4월부터 2022년 7월까지 15개월 동안에는 약 23만 명이 해외에서 중국으로 형사처벌을 밟기 위해 귀국했다고 고백했다.[1] 중국의 설명처럼 이들이 진정 해외로 도피한 범죄자라면, 심리적 관점에서 이들이 자발적으로 귀국하여 처벌받을 가능성은 적다고 할 수 있다. 자수하는 경우가 아니라면 말이다. 이런 의미에서 중국이 해외에 운영하는 스테이션은 각국 정부와 경찰, 사법 당국마저 모르게 중국인을 통제하고 있다고 밖에 볼 수 없다.

---

[1] 중국의 관영매체 글로벌 타임즈는 이들 범죄자들을 보이스피싱에 연루된 이들이라고 소개했다. "Cross-border telecom fraud cases sharply reduced in China," Global Times, August 22, 2022; Safeguard Defenders, 110 OVERSEAS Chinese Transnational Policing Gone Wild, September 2022, p. 6; "중국, '비밀 경찰서' 전세계에 운영… '안티 시진핑 인사 송환 통로'", 『한국일보』, 2022년 9월 15일.

그러나 스테이션은 엄밀히 말해 그럴 권한이 없다. 특히 중국에서 도피한 수배자를 물색, 조사, 수사는 물론 이 과정에서 이들의 귀국을 종용할 권리가 없다. 송환할 법적 권한은 더더욱 없다. 우선 중국은 국제 범죄인 인도조약 가입국이다. 우리나라와도 범죄인 인도조약을 체결했다. 따라서 범죄를 저지른 자국민을 국내로 송환하려면 우리 사법 및 경찰 당국에 협조를 구해야만 한다. 필요에 따라 우리와 공조 수사를 통해 공동 검거에 나설 수 있지만 중국 국적기에 태우기 전까지, 해당 혐의자는 우리 사법의 관할 대상이다. 즉, 수배자가 체류 중인 국가의 승인·협조 없이 중국인을 본국으로 송환하는 것은 국제법과 범죄인 인도조약을 위반하는 행위다.

중국이 우리 사회와 사법질서를 농락하는 행위는 또 있다. 국내에 거주 중인 중국인, 중국 유학생 등을 동원해 중국에 반대하는 국내 세력을 저지하는 것이다. 이 세력이 일면식도 없는 한국인이든, 중국 유학생 자신이 다니는 학교의 학생이든, 인사하며 지내던 이웃이든 상관없다. 중국 정부, 정부의 통치 방식, 중국의 민감한 문제를 지적하는 한국인이라면 모두 용인되지 않기 때문이다. 이들은 이런 '애국' 행위에 특권의식을 가지고 있다.

그중 중국 유학생들의 폭력 문제는 특히 심각하다. 해외 유학이나 거주 경험이 있는 사람들은 유학생들이 '믿는 구석 없이' 단체로 혹은 개인적으로 폭력을 행사하기 어렵다는 것을 잘 알고 있다. 자유민주주의 국가인 우리나라는 자유로운 의사 표현의 권리를 보장한다. 이 같은 권리 행사가 마음에 들지 않더라도,

우리나라 법은 폭력으로 이를 저지하고 방해하는 행위를 용납하지 않는다.

하지만 중국 유학생이 우리나라 국민을 향해 폭력을 행사했을 때, 정작 우리 사법 및 경찰 당국은 관대했다. 스테이션에 대한 조사, 수사의 법적 권한이 우리 사법 당국에 없는 상황마저도 국민은 납득이 안 된다. 그런데 중국 유학생 혹은 중국인이 우리나라의 기물을 파손하는 행위, 나아가 우리 고유의 가치와 체제를 훼손하는 범법행위를 처벌할 수 있는 법적 권한과 처벌 규정이 있음에도 우리 사법 당국이 응당한 처벌을 내리지 않는 것은 더더욱 이해하기 어렵다. 우리 국민은 지켜야 할 것을 지키지 못하는, 이를 파괴하는 행위를 오히려 방관하는 사법 기관에 의아함을 감출 수 없다.

이렇게 말도 안 되는 사태는 비단 어제오늘의 일이 아니다. 2008년 서울 시내에서 거행되었던 2008 베이징 올림픽 성화 봉송 폭력 사태와 2019년 여름 우리나라 대학생들의 홍콩 민주화 운동 지지에 대한 보복과 방해 사건을 떠올려 보자. 이 두 사건 모두 뚜렷한 이유 없이 유야무야 처리되었다. 법적 처벌을 받은 중국인 유학생도, '중국인'도 없었다. 이들은 중국 외교관처럼 면책 특권이 있어 보였다. 위법 행위가 고발되었고, 우리 경찰 당국이 수사에 나섰음에도 그들에게 내려진 최고 '형(刑)'은 훈방 조치에 불과했다. 중국대사관의 개입이 없었다면 불가능했을 일이다.

우리의 법과 사법 체계에 따라 정당하고 합법적으로 수사를 개시하기는커녕, 우리 학생들에게 도리어 자제와 주의를 당부(강요)하는 우리 당국의 태도는 중국 영향력에 잠식된 우리의 자화상이라고 할 수 있다. '일개 학생들의 문제'가 외교적인 영사 문제로 확장되는 것을 꺼려서, 심지어 중국의 보복을 두려워한 나머지 우리 스스로가 자제한 결과로밖에 비추어지지 않는다. 동방명주, 성화 봉송 그리고 홍콩 민주화 운동, 이 세 가지 사례는 중국이 이미 우리의 사법 질서와 사회질서에 크고 깊게 영향력을 발휘하고 있음을 방증한다. 중국이 우리의 사법 체계와 사회질서를 교란할 수 있는 기반이 이미 닦여져 있다고 해도 과언이 아니다. 영향력 공작 대상국의 사회체계와 법조 체계에 영향력을 발휘하여 관련 당국을 농락하고 이용하는 법률전에서, 중국은 이미 선승을 거두어 나가고 있다.

5-2 동방명주와 중국 스테이션

2022년 12월 23일, 주한중국대사관 공식 홈페이지에 10줄도 채 되지 않는 짧은 공문이 올라왔다. 중국의 '비밀경찰서'가 서울 한강변 한 음식점(동방명주) 명의로 설립되었다는 보도에 대한 유감 성명이었다. 중국대사관은 관련된 의혹 보도는 "사실에 근거하지 않은 허위"라며 "이른바 해외 비밀경찰국은 근본적으로 존재하지 않는다"라고 주장했다. 그러나 그들의 주장은 의혹을 해소하기는커녕 증폭시키기에 충분했다. 여기에는 몇 가지 이유가 있다.

첫째, '110 해외 서비스 스테이션'의 존재를 부정하기 때문이다. 나름 대사관의 영사 및 민원 문제 처리를 도와주는 협력 공동체임을 주한중국대사관이 부정했기 때문이다. 동방명주가 비밀경찰국이 아닌 주한 중국인의 민원과 영사 문제 해결에 협력하는 파트너기관이라면, 누구보다 대사관이 더 떳떳해야 한다. 이는 우리나라 법에 저촉하는 행위가 아니기 때문이다. 대사관의 강한 부정은 자국에서 인정한 스테이션의 실체에 오히려 더 큰 의혹만 부추긴다.

둘째, 본국에서는 스테이션의 민원 협력 역할을 인정했다. 앞서 언급했듯이 세이프가드 디펜더스 보고서에 따르면, 중국은 2021년에서 2022년까지 약 23만 명의 중국인 범죄자가 해당 기관을 통하여 본국으로 귀국했다고 발표했다. 2022년 12월에 발간된 2차 보고서는 중국의 스테이션은 53개국, 102곳 이상에서 운영되고 있으며, 동북아지역 국가로서는 대한민국과 일본 등이 포함되어 있다고 지적했다.[2] 그런데 중국대사관이 자국민의 민원 서비스 시스템이 한국에 존재한다는 사실을 부정하고 나선 것이다.

현재까지 한국으로 도피한 중국인 범죄자가 스테이션을 통해 귀국한 '사실'은 없는 것으로 보인다. 그러나 스테이션이 우리나라에 존재하는 이상, 앞으로 이런 일이 없을 것이라고 단언하기는 어렵다. 더욱이 한국으로 넘어오는 정치범, 반체제인사와 범법자들이 증가추세를 보이는 지금 상황에서, 한국은 그 어느 나

---

2 Safeguard Defenders, Patrol and Persuadeee: A follow-up investigation to 110 Overseas v2, December 2022, p.5.

라보다 이런 문제에서 자유로울 수 없다.

마지막으로 동방명주 그 자체, 즉 설립 배경과 경영인의 이력에 비밀경찰서 운영 가능성을 뒷받침하는 정황적 증거가 풍부하다. 동방명주가 식당으로 등록한 업체이기 때문에 엄밀히 말해서 위장 등록 기업은 아니다. 그러나 이를 운영하는 경영자의 다양한 직함과 행보는 그가 스테이션 운영은 물론, 비밀경찰서의 실제적인 운영자임을 방증하는 근간을 보여준다.

동방명주의 대표이사는 왕하이쥔(王海軍)이라는 중국인이다. 그는 2003년에 한국으로 건너와 2005년에 동방명주 식당을 개업했다. 이후 그의 한국에서의 행보는 점차 요식업 범주를 벗어나기 시작했다. 그리고 정치적 행보가 반대로 왕성해졌다. 그의 정치적 행보는 중국의 영향력 공작과 무관해 보이지 않는다. 중국이 해외에서 통일전선 전략을 펼치기 위해 설립한 기구와 조직의 대표직 모두에 그가 있기 때문이다.

해외 통일전선의 첫 전략적 행보는 화교 사회의 화인회(교민회)를 접수하는 것이다. 그 뒤로 중국공산당 통일전선부 및 관련 조직의 지부 설립이 이어진다. 왕하이쥔 역시 이러한 전철을 차근차근 밟았다. 그는 먼저 재한중국교민협회(中國在韓僑民協會總會)와 한화중국평화통일촉진연합(韓華中國和平統一促進聯合總會, 통촉회) 등의 화교 교민단체에 가입했다. 그리고 2016년 11월에 제2대 재한중국교민협회총회 총회장으로, 1년 뒤인 2017년에는 한화중국평화통일촉진연합 제5대 총회장으로 선출되며 단숨에 가장 중요한 재한 중국인으로 부상했다.

화교 사회를 접수한 그는 2017년, 중국 춘절(春節, 음력설) 연휴를 맞아 인천의 차이나타운에서 재한 화교들이 참여하는 춘절 축제를 기획했다. 그날 행사를 찾은 CCTV에 왕 회장 스스로가 밝혔듯, "차이나타운에서 열린 행사 중 역대 최대 규모"였다. 이 밖에 중국 국적 소유자로서 왕 회장은 중국 정부 행사에도 활발히 참석했다. 해외 화교 업무를 총괄하는 국무원 교무판공실이 주최하는 각종 연수와 행사 등에 그는 그 누구보다 부지런했다.

　　그는 중식당 외에 여행사와 건설사도 운영했다. 심지어 중국 관영 통신사인 신화사(新華社)에서도 직책을 맡아 활동했다. HG(한강)미디어그룹 회장이란 직함을 달고서 왕하이쥔은 2015년에 신화통신의 인터넷 사이트인 신화망 한국 사장(總經理, CEO) 직함을 추가했다. 신화사는 과거 홍콩·마카오 등지에서 비공식 중국대사관 역할을 담당하며 '실질 대사관'으로 불리었다. 특히 냉전 시기에 신화사 직원들은 기자, 특파원 등의 외피를 뒤집어쓴 '블랙 정보원'으로 활약했다. 즉, 위장 간첩이었다. 차오관화 전 외교부장이 초대 사장을 맡은 홍콩 주재 신화사는 1997년 홍콩이 중국 본토로 반환된 이후, 홍콩을 실질적으로 통치하는 '중앙인민정부 주홍콩 연락판공실'로 개칭하며 본질을 드러냈다.

　　중국공산당 통일전선공작부와 전국인민정치협상회의(정협) 등이 수행하는 '통일전선' 업무는 공산당 외 제정파를 결속해 우군(友軍)으로 삼는 것을 목표로 한다. 우리나라에서도 앞서 보았듯 친중 세력 결집을 통한 영향력 확대를 추구하고 있다. 왕하이쥔 회장이 총회장으로 있는 재한중국교민협회총회와 한화중국평화

통일촉진연합총회, 이른바 '양총회(兩總會)' 역시 두 가지 목적을 가지고 활동한다. 특히 한화중국평화통일촉진연합총회와 중국 공산당 및 통일전선부와의 관계에서 이는 분명하게 드러난다.

이에 앞서 먼저 재한중국교민협회총회를 소개하겠다. 재한중국교민협회총회는 리빈(李濱, 2001~2005) 전 주한중국대사 재임 중 만들어졌다. 협회의 당위적 필요성은 1992년 한중 수교 이후 조선족 동포들을 위시한 중국 국적의 '신(新)화교'들이 한국에 대거 정착한 데서 비롯됐다. 다시 말해, 조선족 동포와 대륙 출신 중국인들이 새로이 결성한 교민단체였다. 그전까지 화교 교민 관련 단체로는 한성(漢城)화교협회가 유일했다. 대만 국적자들이 대부분이었던 소위 '구(舊)화교'들이 주축이 된 단체였다.

재한중국교민협회총회의 초대 회장은 노태우 전 대통령의 '비공식 한방주치의'인 고(故) 한성호(韓晟昊) 회장(신동화한의원 원장)이다. 그는 대만 국민당 정보기관인 '중통(中統)' 출신으로, 이후 주한 대만(중화민국)대사관 교무(僑務) 비서를 역임했다. 그러나 1992년 한중 수교 당시 밀사로 활동한 것을 계기로 친중국, 대륙파로 전향하였다.

중국에 본회를 두고 있는 평화통일촉진연합총회 조직은 '반독촉통(反獨促統, 대만 독립 반대와 통일 촉진)'을 모토로, 재한 화교들을 단속하기 위해 만들어진 반관반민(半官半民) 조직이다. 과거 리덩후이(李登輝, 1988~2000)와 천수이벤(陳水扁, 2000~2008)이 대만의 총통으로 잇달아 선출되고, 재임 기간 중 대만 독립과 정체성 문제가 대두된 데 대한 일종의 대항마였다.

이후 한화중국평화통일촉진연합총회는 한국 사회 내에서 본연의 목적을 달성하기 위한 조직으로 변모한다. 재한중국교민협회 총회와 한화중국평화통일촉진연합총회의 수장으로서 한성호 회장이 마지막으로 가진 공식 행사는 이의 신호탄이었다. 2016년 7월 21일, 국내 49개의 주요 애국 화교 단체와 언론사 관계사 등 100여 명이 대한민국의 수도 서울에 집결한다. 목적은 한국 정부와 정치인에 대한 규탄이었다.

이들은 남중국해의 중국 주권과 한중 우호를 외친 뒤, 사드 배치와 모 국회의원의 발언 등에 날 선 비판을 쏟아냈다. 한 회장은 공동성명을 통해 "재한 화교는 비록 해외에서 생활하지만 언제나 조국(중국)과 운명을 같이 하고 있다. 남해는 중국 고유의 영토이며, 절대로 양보할 수 없다. 한국의 사드 배치는 중한 양국 간의 우정을 심하게 파괴할 것이며, 이는 한국을 화약고로 만드는 행위"라고 역설했다.[3] "한국의 모 국회의원의 중국 비하 발언을 강렬히 규탄하며 한국 각계에서 다시는 이와 유사한 발언이 나오지 않기를 촉구한다"라는 식의 선동 발언도 마다하지 않았다.[4]

---

3 "재한 중국인 단체, 사드배치 반대·남해 주권 수호 공동성명 발표", 『동포투데이』, 2016년 7월 23일.

4 모 국회의원의 발언은 모 방송국에서 진행한 사드 배치 관련 토론프로그램에서였다. 2016년 7월 16일에 방영된 토론에서 그는 "중국이 한국을 안중에 두지 않고 내정간섭을 하고 있다"며 "중국이 가장 바라는 것은 한국과 북쪽(북한)을 다 자기들 영향권 속에 넣는 것이다. 어느 하나라도 포기하는 게 싫은 거다"라고 말했다. 이어 "그런데 미국이 더 강한 영향력을 한국에 행사한다는 게 참을 수 없다는 거다. 중국이 청나라 이전 사고방식으로 한국을 대하고 있다. 어디 감히, 내가 정말 열 받는 게 20년 전에 11억 거지떼가 겁도 없이 한국을 이렇게 대하나는 거다"라고 역정을 냈다. 중국을 거지떼로 비유한 것이 화근이 되었다. ""'어디, 11억 중국 거지떼가…' 모 국회의원의 폄하 발언에 中 누리꾼 공분", 『동아일보』, 2016년 7월 21일.

한화중국평화통일촉진연합총회가 이처럼 한국을 규탄하는 이유를 알기 위해서는 중국공산당과의 연계성을 볼 필요가 있다. 한국에 세워진 이 단체는 중국공산당 통일전선공작부의 지휘를 받는 해외 통일전선(統一戰線) 조직 중 하나다. 중국은 1998년 해외 통일전선공작을 목적으로 베이징에 조직의 '본회'를 창설했다. 현재 본회의 회장은 시진핑 주석의 책사인 왕후닝(王沪宁) 중국공산당 정치국 상무위원 겸 중국정치협상회의(政协) 주석이다. 그의 집행부회장은 스타이펑(石泰峰)으로, 현재 중국공산당 중앙정치국 위원, 중앙서기처의 서기 겸 통일전선부 부장이다.

본회의 조직도에서 감지할 수 있듯, 한화중국평화통일촉진연합총회는 중국 통일선전부와 밀접한 관계가 있다. 미국에도 중국평화통일촉진연합총회가 운영 중이다. 그러나 중국공산당 및 통일전선부와 밀접한 관계를 맺은 채 미국 내에 거주 중인 중국인 체류자, 화교와 화인의 인권을 유린하고 탄압함으로써 영향력을 발휘한다는 사실이 알려지면서 미국의 감시와 통제가 시작되었다. 가령, 2020년 10월에 미국 국무부는 중국평화통일촉진연합총회의 감독을 결정했다. 그가 중국공산당 통일전선공작부의 사주를 받아 공산주의 선전과 악의적 영향력을 행사 중이라고 판단했기 때문이다. 미국 정부 당국은 중국평화통일촉진연합총회를 '외국 대행 기관'으로 지정하여 국무부의 감독을 받도록 지시했다.

한 회장이 물러난 이후, 젊은 왕하이쥔은 한국 화교 사회의 새로운 중심이 되었다. 그러나 그가 승계한 두 조직, 곧 '양총회'는 한중 간의 우호 증진에 앞장서기는커녕 한국 사회에서 한국을 규탄하는 조직으로 변모한 지 이미 오래였다. 우리 언론이나 국민이 두 조직에 관심, 특히 부정적인 관심을 쏟은 적이 현재로선 없기에 한중 관계 발전에 최소한 훼방은 놓지 않는 것으로 판단된다. 하지만 2016년을 전후로 사드 배치를 둘러싼 사회 갈등이 최고조에 달하였을 때, 저들은 자신들의 진면모를 가감 없이 노출했다. 특히 2016년 7월, 자신의 마지막 공식 행사에 참석한 한 회장의 발언과 행동은 마치 중국공산당 및 중국 정부를 보는 듯했다.

왕하이쥔이 통일전선부의 영향력 확대 공작에 연루되었을 가능성, 혹은 참여하고 있을 가능성은 그가 총책을 맡고 있는 또 다른 조직에서도 여실히 드러난다. 이른바 "화조중심"이다. 화조중심은 "해외화교화인상조중심(海外華僑華人互助中心, Overseas

**그림 1 재한중국교민협회총회와 한화중국평화통일촉진연합총회의
한국 규탄 공동성명 발표장 전경**

출처: 『동포투데이』, 2016년 7월 23일.

Chinese Service Center, OCSC)"의 약칭으로, 중국 국무원 교무(僑務·화교 업무)판공실은 2014년부터 세계 각국 주요 도시(인구 10만 명 이상의 대도시)에 화조중심을 설치하기 시작했다.

2014년 3월 9일, 제12기 전국인민대표대회 2차 전체회의에 앞서 추위안핑(裘援平) 국무원 교무판공실 주임은 화조중심의 기능을 다음과 같이 정의했다.

"화교에 대한 돌봄 지원 서비스를 제공하고 문화교류를 촉진하여 기타 관련 서비스를 제공하는 것이다. 이밖에 '비상(돌발)사태 처리'를 포함하여 실제 문제를 해결하는 것이다(为侨胞提供关爱, 帮扶等服务以及"突发事件的处置", 为侨胞解决实际困难.)"

같은 해 동일 기관은 "해외혜교공정(海外惠侨工程, 해외에 거주 중인 교민에게 혜택을 주는 프로젝트)"을 개진한다. 8개 계획을 통해 화교에 대한 서비스 심화와 교민들의 응집력 공고를 추구함으로써 "중국몽"을 함께 이루고, 함께 나누려는 프로젝트였다. 이 8개 계획

그림 2 **세계 화조중심의 국가별, 대륙별 설치 현황**

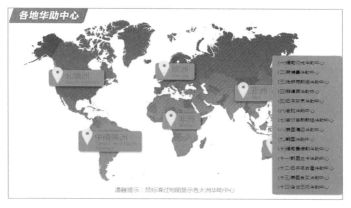

그림 3 **중국 화교네트워크(僑網) 홈페이지에 기재된 서울 화조중심 주소**

韩国华助中心

2015年11月18日 15:43 来源：中国侨网 参与互动

国家地区： 韩国

馆区： 便馆

侨团名称： 中国在韩侨民协会总会

联系方式：

地址： 首尔特别市江南区新沙洞587-13，新东和大厦401

电话： 02-543-8833

传真： 02-3141-6084

电邮： heena7788@hotmail.com

官网：

중 하나가 "화조중심 설립"이다. 중국교망(화교네트워크) 홈페이지의 '세계 화조중심 현황(https://www.chinaqw.com/hzzx/)'에 따르면, 2023년 7월 기준 아시아에는 14개소, 북미에 7개소, 중남미 8개소, 유럽 7개소, 아프리카 6개소, 대양주 5개소 등 총 47개소가 운영 중이다(그림 2 참조).

우리가 특히 주목해야 할 부분은 서울에 위치한 화조중심이다. 동 홈페이지에 따르면, 서울 화조중심은 서울 강남구 모 빌딩의 4층이다(그림 3 참조). 그런데 그곳엔 한의원이 입점 중이다. 그리고 그 해당 한의원의 원소유주는 상술한 '양총회'를 설립한 한성호 전 회장이자 한의사이다.

세이프가드 디펜더스는 2022년 12월 자 보고서를 통해 한국에도 비밀경찰서가 존재한다고 지적했다.[5] 그에 따르면, 현재 저

5 "'한국·일본도 뚫렸다'…中, 해외 53개국서 불법 경찰서 102곳 운영", 뉴스1, 2022년 12월 5일.

장성 칭톈(青田), 원저우(溫州), 장쑤성 난퉁(南通), 푸젠성 푸저우(福州) 등 4개 공안국이 해외 비밀경찰서의 운영을 담당하고 있으며, 한국의 비밀경찰서는 장쑤성 난퉁시 공안국 산하 조직으로 2016년에 개소하였다.[6] 나아가 비밀경찰서와 밀접하게 연관된 조직으로 세이프가드 디펜더스는 화조중심을 꼽았다. 왕하이쥔이 주임을 맡고 있는 바로 그 조직이다.

세이프가드 디펜더스는 화조중심을 '경찰과 연결된 다리(bridges for police linkage)'에 비유한다. 이에 왕하이쥔은 "질병이 있거나 돌발적인 상황이 발생했을 때 자국민을 중국으로 보내는 역할을 도왔을 뿐"이라며 "반중 인사에 대한 강제 연행은 없었다"고 강조했다. 그러면서 2022년 12월 31일 유료 기자설명회를 개최하여 "질병 등 돌발적 상황으로 (한국에서) 죽거나 다친 중국인이 귀국할 수 있도록 지원하는 단체"임을 시인했다. 그가 귀국을 '도운' 중국인은 10여 명으로, 정신질환 문제로 어려움을 겪던 중국 유학생이 서울 강서경찰서와 화조중심에 연락하여 도움을 요청한 적도 있었다고 한다. 그러나 송환 기준, 송환 목적지, 송환 과정, 송환 후 현재 연락이 닿는지, 불법 체포나 구금 여부 등을 질문하는 우리 기자들에게 그는 그 무엇하나 명쾌히 대답하지 않았다.

그의 발언은 실상 두 가지 상충하는 사실을 시인했다. 우선 그는 질병이나 돌발 상황이 발생한 자국민을 중국으로 귀국시키

6 "'가족 볼모로 범죄자 송환'…中 해외 경찰서, 한국에도 있다[김지산의 '군맹무中']", 머니투데이, 2022년 12월 10일.

는 역할을 담당하였음을 인정했다. 죽거나 다친 자국민의 보호와 귀국을 돕는 것은 식당으로서 해서는 안 될 일이라 했지만, 질병 혹은 돌발 상황과 별반 다름이 없는 일이라 치부하고 넘어갈 수 있다. 또 다른 하나는 반중 인사에 대해 그 스스로가 법체계를 넘어 행동하였음을 자인한 것이다. 반중 인사의 강제 연행은 없었지만 "돌발 상황"으로 귀국을 도왔다는 말은, 범죄자나 범법자의 신병인도로 해석될 수 있다. 그렇지 않으면 질병 환자나 사망자의 귀국 외에 달리 돌발 상황으로 발생할 수 있는 귀국자를 설명할 수 없기 때문이다.

영사 대행 업무 수행을 설명할 때도 그는 우리의 의구심만 부추겼다. 왕하이쥔은 "(중국 국무원 교무판공실의 지원을 받아 설립됐다는 의혹과 관련해서) 금전적 지원이 아니라, 여러 학습 기회 등을 제공"할 수 있는 지원을 받았다고 항변했다. 하지만 이는 결국 해외 화교 업무를 전담하는 국무원 산하 기관의 지원을 받아 우리나라에 거류 중인 중국인 교육 업무를 최소한 수행했다고 자인하는 것이다. 국무원 교무판공실이 왕하이쥔에 우리나라 "화교"의 교육을 요청한 사실은 중국 정부와 그의 긴밀한 관계, 나아가 중국 정부의 그에 대한 크나큰 신뢰도를 반영한다. 이런 정황에서 그가 영사업무를 10여 건 진행할 수 있었던 이유를 유추할 수 있다. 중국 정부로부터 일종의 '허가' 혹은 권한을 부여받은 셈이다.

이밖에 왕하이쥔이 현재 맡고 있거나 역임한 직책과 직함에서도 그 화려함은 끝이 없다. 10여 개의 타이틀을 가지고 우리나라에서 종횡무진했다. 구로교민협회 회장, 재한 연변조선족동향회 회장, 중국교련(僑聯)청년위원, 베이징 해외연의회(海外联谊会) 청년위원, 장쑤성 교계청년총회 상무이사, 산둥성 해외연의회(海外联谊会) 상무이사, 랴오닝성 해외연의회(海外联谊会) 상무이사 등이 대표적이다.[7] 그가 가진 타이틀만 보더라도 동방명주를 합리적으로 의심할 수 있는 소지가 다분하다. 그와 관련된 단체들이 모두 중국 정부 조직이기 때문이다. 그럼에도 우리 사법 당국은 수사는커녕 조사조차 하지 못한다. 아직 우리나라에는 우리의 사법질서를 교란하거나 간첩과 유사 행위를 하는 외국인을 조사할 수 있는 권한과 권리를 보장하는 법안이 없다. 그래서 안타깝게도 동방명주를 식품위생법 위반과 옥외광고물법 위반 혐의로밖에 고발하지 못했다. 이래서는 동방명주의 실체, 즉 우리나라의 중국 비밀경찰의 실태를 파악할 수 없다.

5-3 서울시민이 구타당한 성화 봉송 사건

2008년 베이징 올림픽을 앞두고 티베트와 신장(新疆) 위구르 자치구의 독립, 분리 운동이 거세졌다. 이들은 외신의 이목이 베이

---

7 해외연의회(海外联谊会, '연의회')는 중국정치협상회의가 1997년에 설립한 중화해외연의회(中华海外联谊会)조직으로, 대만, 홍콩, 마카오 동포를 포함하여 해외 화교 및 화인에게 중국의 과업을 선전하고, 이들과 소통하는 임무를 갖는다. 그리고 이들의 중국에서의 합법적 권익을 보호함으로써 '우려를 덜어주고 위험에서 구하는' 책임도 가지고 있다. 해외의 각 연의회는 지방정부 연의회의 지원과 관리·감독을 받는다. 왕하이진은 베이징, 산둥성, 랴오닝성의 연의회를 대표하여 국내에서 활동 중이다. 2023년 10월 현재 중화해외연의회 홈페이지(https://www.cofa.org.cn/)는 폐쇄되어 있다.

징 올림픽 준비에 집중되는 상황을 기회로 국제사회의 지지를 확보하고자 했다. 신장 위구르족은 베이징, 윈난(雲南)성 쿤밍(昆明) 시에서 신장의 독립을 호소하며 테러를 단행했다. 베이징 시내에서 폭탄 차량이 천안문으로 돌진했고, 쿤밍시에서는 극단주의자들의 칼부림으로 수십 명의 사상자가 발생했다. 국제사회는 신장보다 티베트의 독립·분리 문제에 특히 더 많은 관심을 보였다. 티베트의 독립운동 역사가 우선 더 길고, 달라이 라마라는 지도자는 인류의 추앙을 받는 성직자이자 평화운동가의 상징이었기 때문이다.

티베트 독립 지지자들은 서울에도 존재했다. 그리고 그들 역시 중국의 올림픽을 반중(反中)의 호기로 삼았다. 2008년 4월 27일 오후 2시 20분쯤, 올림픽을 장식할 성화가 서울 올림픽공원 평화의 문을 출발하여 서울광장으로 향하기 시작했다. '하나의 세계, 하나의 꿈(One world, One dream)'이라는 2008 베이징 올림픽 주제처럼 한국인 중국인 할 것 없이 많은 이들이 거리로 나와 성화를 기다렸다.

하지만 주제가 무색하게 서울 시내를 우선 물들인 것은, 갈등과 충돌이었다. 행사 시작 3시간을 앞둔 오전 11시 10분경, 북한 주민과 탈북자들의 인권을 옹호하는 운동을 해 온 독일인 의사 노베르트 폴러첸 씨와 "자유청년연대" 최용호 대표가 반중국 집회에 참석하려다가 몽촌토성역 입구에서 중국 유학생들로 보이는 친중국 시위대 100여 명에 의해 둘러싸이기 시작했다. 두 사람은 20여 분을 긴장 속에 견뎌야 했다.

같은 시각, 평화의 문에도 긴장감이 피어올랐다. 60여 개 북한 인권 단체 회원과 시민 100여 명이 성화 봉송 저지 시위를 벌이기 시작하면서 중국인들과 역시 대치하기 시작한 것이다. 그리고 오후 1시경, 이번엔 "기독교사회책임" 등 기독교계 단체들이 "북경 올림픽 성화 봉송 저지 시민 행동"을 결성하고 올림피아나 관광호텔 앞에서 집회를 개최했다. 중국 인권과 티베트 독립 지지자들의 성화 봉송 반대 시위 역시 가까운 올림픽 공원 주변에서 목소리를 높이기 시작했다.

성화 봉송이 올림픽 공원을 출발한 지 10여 분쯤 지난 2시 30분경부터 운집해 있던 중국인들은 행동하기 시작했다. 시위대를 향해 폭력을 행사한 것이다. 중국인 '시위대'는 이들을 향해 플라스틱 물병과 각목, 돌 등을 투척했고, 이 과정에서 10여 명의 부상자가 발생했다. 한국일보 홍인기 기자가 이마가 찢어지는

그림 4 **중국인에게 머리를 부상 당한 한국일보 홍인기 기자**

출처: "중국인들이 떼지어 한국인 폭행하다니…", 『한겨레』, 2008년 4월 29일.

상처를 입고 병원으로 이송되었고, 최용호 자유청년연맹 대표는 스패너에 가슴을 맞았다. 시청 쪽에 있던 중국인들도 외국인, 한국인 가릴 것 없이 모두를 폭행하기 시작했다. 티베트를 지지한다는 낌새만 보이면 달려가 구타했다.

덕수궁 대한문 앞에서 '티베트 자유(Tibet Free)'라는 티셔츠를 입고 걸어가던 미국, 캐나다인 5~6명에게도 중국 시위대의 물병이 날아들었다. 중국의 애국자들은 티베트와 대만 국기를 흔든 반(反) 중국 시위대(티베트평화연대)를 추격하여 인근 프라자호텔에까지 난입해 시위자를 깃봉, 가방 등으로 무차별 가격했다. 이 과정에서 중국인들을 저지하던 우리나라 의경이 흉기에 맞아 머리가 찢어져 병원으로 후송되었다. 성화 봉송을 보러 나온 박모 씨는 티베트 인권단체가 나눠준 전단지를 들고 가다가 중국 유학생들에 의해 (한국) 경찰들 옆으로 150m를 끌려가며 30분간 구타를 당했다.

중국 시위대의 규모는 상상을 초월했다. 당시 주한중국대사관 측은 약 1,000~1,500명의 인파를 예상했다. 우리 경찰 측은 약 6,500명의 중국 유학생을 포함해 중국인 8,000여 명이 모인 것으로 추산했다.[8] 여기서 우리는 두 가지 현상에 주목해야 한다.

첫째, 중국대사관의 말은 허언이었다. 그들은 충돌이 발생하리란 것을 짐작하고 있었다. 이를 닝푸쿠이(寧賦魁) 당시 주한중국대사가 경찰청장을 직접 만나서 협조를 요청한 사실에서 유추할 수 있다. 닝 대사는 성화 경비와 중국인 유학생들의 환영

---

8 "서울 뒤덮은 '오성홍기(五星紅旗)'", 『조선일보』, 2008년 4월 28일.

그림 5 **올림픽 공원에 운집한 중국인들**

출처: "'성화 봉송 폭력시위' 중국인 유학생 구속영장", 『SBS 뉴스』, 2008년 5월 1일.

행사에 협조를 부탁했다. 중국대사관은 대규모의 유학생이 운집할 것을 사전에 알고 있었던 셈이다.

당시 참석했던 이들과 중국 유학생들의 이야기를 빌리자면, 중국 유학생은 전국에서 몰려들었다. 지방에서 상경한 유학생들 모두 중국대사관과 총영사관이 제공한 차량(버스)편을 타고 왔다.[9] 이들이 '무기'로 휘두른 깃발과 깃대, 확성기 등 역시 중국대사관에서 제공한 것으로 알려졌다. 이들은 성화 봉송 2주 전부터 인터넷 커뮤니티에 "27일 올림픽공원에 모이자" "무기는 휴대하지 말고 달걀을 갖고 가서 박살 내자" 등의 글을 올리며 체계적인 준비를 서둘렀다.[10] 그리고 막상 그날이 되었을 때는 달

---

9 "성화봉송 중국인 난동은 계획된 폭력사태", 『주간불교』, 2008년 4월 29일.
10 "중국인들 집단 폭력에 멍들어버린 서울", 『조선일보』, 2008년 4월 29일.

그림 6 **한국 경찰과 대치하는 중국인들**

출처: "서울 뒤덮은 '오성홍기(五星紅旗)'", 『조선일보』, 2008년 4월 28일.

같이 아닌 대나무 깃대를 쥐었다. 성화 봉송을 축하하기보다, 전쟁을 준비하는 군대에 더 가까웠다.

이와 관련해 우리 경찰 관계자는 "행사에 수천 명의 중국 유학생이 참가했다. 사전에 인터넷 사이트와 메신저를 통해 조직적으로 연락해 모인 것으로 추정된다"라고 밝혔다.[11] 우리 경찰들 역시 이들이 조직적으로 이동하고 행동했다고 판단한 것을 보면, 중국 유학생들과 언론 그리고 참여자들의 전언이 모두 틀린 것 같지는 않다.

둘째, 중국 유학생들은 '프리 패스(free pass)'가 있는 것처럼 난동을 부렸다. 닝 대사가 경찰청장을 사전에 만난 사실만으로 중국대사관이 중국인들의 난동, 폭력, 폭행을 '허락'했다고 단언할

---

11 "서울 '중국인들 조직적 난동' 분노", 『동아일보』, 2008년 4월 29일

수는 없다. 하지만 최소한 티베트와 중국 인권 문제에 관한 한국인들의 언행을 참지 않아도 된다는 언질이 전해졌을 법하다. 필요에 따라 범법행위를 해도 괜찮다는 정도의 분위기가 조성되었을 수도 있다. 결과가 특히 그러하기 때문이다. 수십, 수백의 중국 유학생이 주먹을 휘둘렀음에도 우리 경찰에 검거된 학생은 거의 없었다. 경찰은 사후 이들을 철저히 물색하여 반드시 검거하겠다고 다짐했지만, 현실은 정반대였다.

한 차례 폭동이 서울을 쓸고 간 후, 중국대사관이 연관되어 있다는 소식이 봇물 터지듯 쏟아져 나오기 시작했다. 우선 이번 폭력 사태를 일으킨 중국인 유학생 배후 조직으로 '재한중국인한국유학생회(全韓中國學人學者聯誼會, CSSAK)'가 지목되었다. 특히 해당 단체 회장(가오창, 高强)의 출신 배경이 우리 사회를 경악시켰다. 당시 동국대 경찰행정학과 박사과정에 재학 중이던 그는 중국인민공안대학(中國人民公安大學) 출신 공안원(경찰관)이었다. 가오는 이후 지린(吉林)성 지방경찰청의 마약단속반의 부주임(省禁毒办副主任), 마약단속대 부대대장(禁毒总队副总队长)으로 근무했다. 또한 폭력 현장에서 인민해방군 장교인 차이융(蔡勇), 당시 주한중국대사관 무관을 비롯한 대사관 관계자들의 모습도 포착되었다.

이번 사태에 중국 당국의 개입(순조로운 성화 봉송을 위한 경비 지급 및 방해를 차단하기 위한 매뉴얼 작성 등)이 있었다는 보도 또한 등장했다. 시위에 참석한 중국 유학생의 인터뷰는 이런 상황을 구체적으로 전했다.

– 유학생 A(산둥성 출신, 대구): "인터넷과 개인 연락망 등을 통해 사람들이 자발적으로 모였다." "나와 경북에 사는 친구들은 이날 오전 버스를 타고 3시간 정도 걸려 서울로 올라왔다."

– 유학생 B(서울대 박사과정 재학): "대사관에서 어제 열렸던 집회에 참석해달라고 연락이 왔지만 나는 가지 않았다." "대사관에서 한국의 각 대학에 있는 중국인유학생회 회원들에게 연락해 참가하도록 유도한 것으로 안다."

– 유학생 C(서울 한 사립대 유학): "우리 학교에 함께 유학 중인 유학생회 회장에게 연락을 받고 서울시청 집회에 참석하게 됐다."

그럼에도 우리 경찰은 행사장 현장 검거 실적(?)은 단 4명뿐이었다. 대리석 파편 등을 던진 중국 유학생 1명과 봉송 행렬을 방

그림 7 한국인이 중국인에게 밟히는데 이를 보고만 있는 한국의 경찰

출처: "서울 '중국인들 조직적 난동' 분노", 『동아일보』, 2008년 4월 29일.

그림 8 **머리채를 붙잡히고 발길질당하는 한국인**

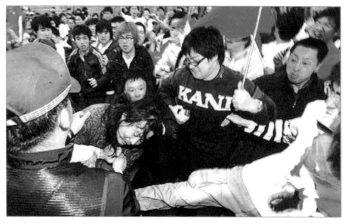

출처: "중국인들 집단 폭력에 멍들어버린 서울", 『조선일보』, 2008년 4월 29일.

그림 9 **이단 옆차기로 한국인을 공격하는 중국인**

출처: "[COVER STORY | 04] 호감→비호감, 서로를 보는 눈이 변했다", 『주간동아』, 2009년 2월 11일.

해한 탈북자 3명 등이었다. 우리 국민을 폭행한 중국 유학생 중 고작 한 명만이, 반면 우리 '국민'이라 할 수 있는 탈북자 가운데 에서는 무려 세 명이 체포되었다는 소식에 국민은 분노와 당혹 감을 감출 수 없었다. 보도에 따르면, 중국인들이 물건을 마구 던 지고 호텔 로비까지 난입해 외국인을 폭행했음에도 우리 경찰 은 이들을 적극적으로 검거하지 않았다. 항의 여론이 거세지자, 경찰은 "채증한 자료를 통해 시간이 걸리더라도 불법 행위를 한 중국인을 모두 검거하겠다"며 다급히 국민 달래기에 나섰다. 그 러나 결과는 달라지지 않았다.

우리 국민이 실망한 것은 경찰 당국뿐만이 아니었다. 우리 정 부의 소극적인 자세와 언행 불일치의 발언에 더욱 분노했다. 성 화가 서울을 떠나고 4월 28일, 닝 대사가 한국 당국이 취한 협조 조치에 감사를 표하기 위해 외교통상부를 찾았다. 그때 우리 당 국은 일부 중국 시위대의 과격 행동에 대해 강한 유감의 뜻을 표 명만 하며, 이미 상처 입은 우리 국민에 또 생채기를 냈다.

폭력이 발생한 그날 누구보다 조용했던 정부와 사법 당국은 국 민이 상처 입은 뒤에야 느지막이 움직이기 시작했다. 닝 대사가 외교통상부에 감사를 표시하고 돌아간 다음 날인 29일, 성화 봉 송 폭력 사태를 두고 국무회의가 개최되었다. 회의를 주재한 한 승수 국무총리는 "외국인의 집단 폭력 사건에 대해 법과 원칙에 따라 처리하는 게 좋겠다", "이번 일로 우리나라 국민의 자존심이 상당히 손실된 측면이 있는 만큼 국민의 자존심을 회복할 수 있 는 법적, 외교적 조치가 뒤따라야 할 것"이라고 지적했다. 즉, 폭력을 행사한 중국인들을 법과 원칙에 따라 엄정히 대처하겠다는 것이다. 동석한 법무부 역시 "국적을 불문하고 불법, 폭력 시위에 대해서는 엄정하게 대처할 방침"이라며 총리를 지지했다.

4월 30일, 어청수 경찰청장은 국회 행정자치위 업무보고에서 "불법 행위에 대해선 국적을 떠나 법과 원칙에 따라 철저히 할 것", "채증자료와 인터넷 동영상, CCTV, 목격자 등을 확보해 폭력행위에 직접 관여한 사람에 대해선 끝까지 추적해 사법 처리하겠다"라고 당찬 포부를 밝혔다. 이날 베이징을 방문한 이용준 외교부 차관보 역시 허야페이(何亞非) 중국 외교부 부장조리에게 공식적으로 유감의 뜻을 전달하며 조금 더 적극적인 행보를 보였다. 이에 허야페이 부장조리는 한국 경찰과 기자가 상처를 입은 사실에 유감을 표시하며 위로의 뜻을 전달했다. 그러나 이와 동시, (폭력) 사건과 관련된 중국 유학생들에 대해 선처를 호소했다.

사건은 5월 1일이 되어서야 새로운 소식을 몰고 왔다. 부산 지역에 유학 중인 중국 유학생 한 명에게 사전구속영장이 신청되었다는 보도였다. 결국 6월 15일 기준, 즉 사건 발생 한 달 반이 지나도 입건된 중국 유학생은 고작 한 명에서 두 명으로 늘어났을 뿐이었다. 이런 경찰 당국의 소극적인 자세를 두고 외교가는 이명박 대통령의 방중과 베이징 올림픽 개최를 앞두고 양국 간 교류가 급증하고 있는 지금의 상황에서, 한중 관계 발전의 심화를 위해 중국 유학생들을 '선처'할 가능성이 높다고 조용히 입을 모았다.

정부 고위급 인사들이 국민에게 약속한 강경한 대응, 응당한 조치, 엄중한 처벌은 두 명의 중국 유학생을 검거하는 것에 그쳤다. 대신 중국 외교부의 뜻을 수용하는 저자세 외교만 국민에게 잔뜩 보여줬다. 피해자는 위축되고, 가해자는 반대로 점점 기고 만장해지는 웃지 못할 상황이 벌어졌다. 4월 28일, 서울발 〈신화통신〉 기사는 "1988년 (서울) 올림픽의 굴렁쇠 소년인 윤태웅 군이 마지막 성화 봉송 주자로 나서, 열렬한 박수를 받으며 서울에서의 성화 봉송을 순조롭게 마무리했다"라고 타전했다. 서울에서의 성화 봉송이 순조롭게 마무리됐다고 보도한 것이다. 기사에 그날의 비극은 없었다. 조만간 다가올 베이징 올림픽, 그를 위한 성화 봉송, 그를 축하하는 수많은 인파와 오성홍기만이 가득했다.

중국의 또 다른 일간지 〈경화시보〉는 수천 명의 중국인들이 '중국 파이팅(加油 中國)'을 외치며 티베트 독립을 주장하는 시위대를 압도했다고 자랑스레 보도했다. 그러면서 티베트 독립 시위자들이 소동을 빚어 경찰들에 의해 체포되었다고 오히려 우리 시민에게 물의의 책임을 전가했다. 중국 측의 소동에 대해서는 당연히 침묵했다. 중국 외교부 역시 자국민의 손을 들어주기에 여념이 없었다. 4월 29일, 외교부 대변인 장위(姜瑜)는 "다친 사람에게는 위로의 말을 전하지만 선량한 중국 유학생들의 정의로운 행동이었으며, 그들의 본의는 좋은 것이었으나 과격해져서 빚어진 사고다"라고 중국 유학생들의 폭력, 폭행과 난동을 정당화했다.

이후 우리의 대중국 정서는 곤두박질치기 시작했다. 베이징 올림픽이 끝나고 약 반년 뒤인 2009년 5월 2일 여론조사 기관리얼미터에 따르면, 폭력 사태 이후 중국인에 대한 이미지는 급격하게 나빠졌다. '매우 나빠졌다'는 의견이 60.5%, '조금 나빠졌다'는 응답이 27.9%로, 응답자 가운데 무려 88.4%가 중국인들에 대한 반감을 드러냈다. 이는 2004년 동북공정 사건 때보다 더 높은 수치였다. 중국에 대한 호감도 역시 마찬가지다. '좋아하지 않는다'가 58.2%로, 국민의 절반을 조금 넘었을 뿐이었다.[12]

5-4 홍콩 민주화 운동(2019)과 중국 유학생들 난동 2탄

자유민주주의 국가에서는 법과 규범이 준수된다. 자유민주주의 국가 출신이라면, 어느 나라에 있든 해당 국가의 것을 존중하고 따르는 시민 정신을 견지한다. 2008년 베이징 올림픽 성화 봉송 당시 중국인들이 보여준 대규모의 난동 폭력 사건은 그들의 시민 의식을 단편적으로 노출한 대표적 사례였다. 대규모이든 소규모이든 어느 성격의 행사이든, 한국에서 진행되는 거리 행사라면 모두 법과 규범을 엄격히 따라야 한다. 설령 내 마음에 안드는 일이 발생하더라도 말이다. 갈등이나 다툼이 발생할 때, 그리고 그것이 소수일 때, 대부분 참석자는 무시하거나 자제할 것을 요청한다. 즉, 말로 문제를 해결하려 하지, 폭력을 동원해 이를 강제로 저지하는 양상은 극히 드물다. 매주 주말, 때로는 주중

---

12 주재우, "[COVER STORY | 04] 호감→비호감, 서로를 보는 눈이 변했다", 『주간동아』, 2009년 2월 11일.)

에도 가두시위가 넘쳐나는 서울에서 서로 충돌하는 진영이 얼굴을 맞대게 되더라도, 심지어 비방이 오고 가더라도, 폭력이라는 '선'은 절대 넘지 않는다.

그러나 중국인들에게 이런 시민 의식은 없다. 중국을 비방하는 자라면, 그 상대가 누구든 그리고 그곳이 어디든 인내하지 않는다. 2008년 성화 봉송 사건처럼 난폭해지기 일쑤다. 그들에게 외국의 법과 규범은 안중에 없다. 그들은 오히려 '외국인'이라는 특권의식을 자랑한다. 이런 의식은 그냥 생겨나는 것이 아니다. 다시 말해, '믿는 구석'이 있다. 중국의 영향력에 취약한 나라에서는 더더욱 안하무인격으로 행동한다. 그들은 특히 다수일 경우, 더 도발적으로 변하는 습성을 가지고 있다. 다른 한편, 소수일 때 침묵하거나 소극적으로 변하는 비겁함도 있다.

중국인들은 한국의 중국 포비아를 잘 알고 있다. 그래서 목소리가 커진다. 단체행동할 기회가 있을 때 이들의 언행은 더욱 커진다. 커지다 못해 폭언, 폭행, 폭력을 일삼는다. 난동을 부리며 법과 질서, 규범과 규칙을 완전히 무시한다. 우리의 법과 규범은 이들에게 한낱 의미 없는 문장일 뿐이다. 자기들은 '대국'이고 우리는 '소국'이다. 우리가 심리전에서 이미 패배했기 때문에 법률전에서도 승리했다는 것이 저들의 결론이다. 더욱이 우리 정부의 저자세 외교는 저들의 인식과 신념이 더욱 공고해지는 빌미를 제공하고 있다. 이런 비극은 2019년 홍콩 민주화 운동이 성행하던 당시 다시금 재현되었다.

자유민주주의 사회에서 국제문제, 인류 문제에 대해 의견을 표출하는 것은 자연스러운 정치·사회적 행위다. 시민 의식에서 출발하기 때문이다. 자유와 민주주의, 인권과 보편적 가치에 대한 공통된 인식에서 각자 자신의 목소리를 내고 타인의 말에 귀를 기울인다. 민주주의라는 공통의 깃발 아래, 우리는 홍콩 시민의 민주주의 욕망을 동정하고 지지한다. 의식 있는 시민으로서 우리는 홍콩 시민의 자유, 인권, 민주주의를 억압하고 탈취하려는 중국 정부의 정치적 조치를 반대하고 비판할 수밖에 없다. 중국의 독단적인 행동에 국제사회와 자유민주주의 국가가 모두 반기를 드는데, 자유민주주의를 추구하는 우리 국민이 수수방관할 리 없다. 더욱이 민주주의와 민주화를 위해 바쳐진 많은 피와 희생을 경험하고 기억하는 우리로서는 누구보다 그 가치를 잘 알고 있다.

이런 시민 의식에서 한국의 대학생들이 홍콩 민주화를 지지하고 나섰다. 결과적으로 기성세대가 부끄럽게도 중국 눈치 보느라 하지 못하는 것을 대신한 것이었다. 우리 학생 또한 홍콩 시민과 마찬가지로 중국 정부가 2019년 3월에 발의한 "범죄인 인도 법안"을 부당한 것으로 여겼다. 해당 법안은 홍콩의 범죄자를 중국 대륙으로 인도해 중국의 법정에 세운 뒤 처벌하는 것이 골자다. 자치권이 보장되는 홍콩에서 사법권을 보장하지 않겠다는 목적이고 의도다. 홍콩의 통치 체제, 곧 자유민주주의 체계는 중국의 통일방식인 '일국양제'로 보장받게 되어 있다. 따라서 홍콩에서는 삼권 분립이 보장되어야 하며, 사법권 역시 원칙적으로 보호받아야 한다. 민주주의 시민에게는 지극히 상식적인 것이다.

자유민주주의 이념과 가치에 상반되는 법안을 통과시키려는 중국을 우리 학생들이 납득할 리 만무하다. 국제사회와 전 인류가 용납할 수 없는 조치에 우리 학생들 역시 분노를 참을 수 없었다. 6월 9일, 홍콩인들이 거리로 나와 법안 반대 시위의 서막을 열자, 우리 학생들도 나서기 시작했다. 시위는 급속도로 홍콩 시내를 점령해 갔다. 주최 측 추산에 의하면, 6월 16일에는 무려 홍콩 인구의 4분의 1에 해당하는 190~200만 명이 민주화를 외쳤다. 상황은 9월 4일에 중국 정부가 법안을 공식 철회하며 일단락되는 듯했다. 그러나 10월, 홍콩 행정부가 긴급조치와 복면 금지법을 시행하면서 충돌은 재개되었다. 시위대가 정부의 이기적인 행태에 비판을 쏟아내며 철회를 요구했고, 홍콩은 다시금 아수라장이 되었다. 시위는 2020년까지 지속되었다. 하지만 그해 5월, 홍콩 국가보안법(全国人民代表大会关于建立健全香港特别行政区维护国家安全的法律制度和执行机制的决定. 일명 '홍콩 국보법')이 통과되면서 홍콩의 민주화 운동도, 우리의 지지 운동도 모두 막을 내렸다.

2019년 홍콩 민주화 운동 시작 후, 서울 지하철 2호선 홍대입구역 근처에서 한국 내 홍콩 유학생을 주축으로 대만 유학생, 한국 학생과 직장인 등이 모여 홍콩 시위 지지 집회를 시작했다. 그리고 홍콩 범죄인 인도법에 반대하고 홍콩 시위를 지지하는 대자보가 고려대, 건국대, 서강대, 이화여대, 연세대 등에 잇달아 출현하기 시작했다. 6월 19일, 청년유니온·한국대학생포럼 등 진보와 보수를 아우르는 청년·대학생 단체들은 "홍콩 시민의 '범죄인 인도 법안' 반대 시위를 지지한다"는 내용의 성명까지 발표했다. 우리 학생들의 지지는 SNS상으로도 빠르게 퍼져나갔다. '#SaveHongkong(홍콩을 구해줘)' '#NoExtraditionToChina(중국으로의 송환 반대)' 등의 해시태그와 '한국인들은 홍콩 민주화를 지지한다'는 글이 부지런히 오르내리며 많은 이들의 관심과 지지를 불러일으켰다.

11월 6일에는 '홍콩의 진실을 알리는 학생모임(일명 '학생모임'. 11월 3일 발족)'이 국내 대학 중 처음으로 서울대 캠퍼스에 '레넌벽(Lennon Wall)'을 설치했다. 1980년대 당시 공산 체제에 반대하던 체코 시민들이 '비틀스' 멤버 존 레넌의 노랫말을 그래피티로 적은 벽에서 착안한 것으로, 홍콩 범죄인 인도법 반대 시위의 상징이었다. 그리고 이후부터, 우리 대학가에 '홍콩 시위'를 둘러싼 한중 학생 간 갈등이 격화되기 시작했다.

우리 대학에서 홍콩 민주화 지지 운동이 본격화되자 중국 유학생들이 반격에 나섰다. 2008년 성화 봉송 당시에 비해 폭력이 난무하지는 않았지만, 중국 유학생들은 이번에도 우리 사회와 학내 질서를 교란하는 행동을 서슴지 않았다. 심지어 기물을 파괴하고 훼손하기도 했다. 아래는 몇 개 대학에서 일어난 대표적 사건들이다.

● 연세대

－10월 24일, 'Liberate Hong Kong' 등의 문구가 적힌 현수막이 연세대 교내 출현. 그러나 다음 날인 25일, 모든 현수막이 철거되었음.

－11월 4일, 다시 현수막을 설치하였으나 하루가 지나기도 전

그림 10 **중국인이라 밝힌 이들이 서울 연세대학교 교내에서 홍콩 지지 현수막을 철거하는 모습**

출처: "'한국인, 中 감정 상하게 하지마' 대학가 '홍콩 반대' 백래시", 『중앙일보』, 2019년 11월 8일.

에 모두 철거. 2차 현수막 분실 사건은 당시 사건을 목격한 익명의 제보로 경찰에 신고 접수.

– 이외, 중앙도서관에 설치된 레넌 벽에 '당신들이 간섭할 일 이 아니다' 등의 홍콩 시위를 비판하는 쪽지가 출현.

• **고려대**

– 11월 11일 오후 3시, '노동자연대 고려대모임(노동자연대)'이 홍 콩 시위를 지지하는 대자보 부착하였으나 오후 4시 20분경 뜯 어진 채로 발견. 오후 7시, 노동자연대가 다시 대자보를 부착 하였으나 한 시간도 채 되기 전 훼손. 저녁 8시 10분, 다시 대 자보를 부착하였으나 9시 40분경 다시 훼손. 이날 저녁부터

그림 11 **고려대, 한양대생 얼굴을 올리며 욕설.**

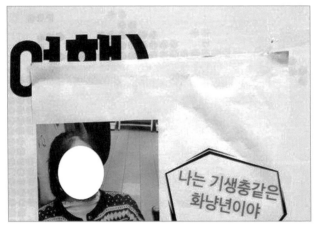

출처: "홍콩지지 韓대학생에 '화냥년' 살인 협박도 하는 中유학생들", 「중앙일보」, 2019년 11월 19일.

중국 유학생 모임이 부착한 반박 대자보 역시 부착되기 시작.

– 12일 오전, 4번째 대자보를 부착한 후 훼손 시도가 한 차례
   더 발생하였으나 학생들의 저지로 실패. 이 과정에서 한중 학
   생 간 충돌 발생.

– 13일, 학생회관에서 '홍콩 민주항쟁 왜 지지해야 하는가?(노
   동자연대 주최)' 토론회 개최. 주최 측 추산 200여 명 참여.

– 15일, 중국대사관의 한중 학생 간 갈등에 대한 발언 이후 노동
   자연대를 비롯한 여러 단체가 긴급 기자회견을 열고 '시진핑
   의 홍콩 탄압 지시 철회' 등을 주장하며 정경대 후문까지 행진.

● **한양대**

– 11월 13일, '노동자연대 학생그룹'이 인문대 1층에 '홍콩 항

쟁에 지지를!'이라는 제목의 대자보 부착. 같은 날, 사학과 학생 역시 '홍콩 민주화 운동과 함께할 것입니다'라는 제목의 대자보 게시.

‒ 당일 12시경, 사학과 학생이 '레넌 벽' 제작 시작. 시작한 지 얼마 되지 않아 중국학생들이 항의하기 시작. 오성홍기와 '김정은 만세' '독도는 일본 땅' 등의 반한(反韓) 메시지 부착.

‒ 13일, 인문관에서 홍콩을 지지하는 한국학생 10여 명과 이를 반대하는 중국학생 50여 명이 대치. 사학과 학생은 BBC코리아에 "그전에도 중국 학생들이 우리에게 '알바를 하고 있다'며 10원이나 100원짜리 동전을 던지기도 했고, 이날 같은 경우 중국 학생들이 우리가 올린 대자보에 욕설이 담긴 메모를 붙여서 제지하는 과정에서 충돌이 일어났다"고 설명.

그림 12 **중국 학생이 던진 100원짜리에 맞은 한양대 학생의 호소글**

출처: "중국인들에게 동전 맞은 '홍콩 지지' 한양대생의 호소 [인터뷰]", 「국민일보」, 2019년 11월 21일.

- **부산대**
  - 11월 14일, 자연대학 게시판에 홍콩 시위 지지 대자보 부착.
  - 16일, 영어로 된 대자보의 마지막 페이지 훼손.
  - 18일, 지지 대자보가 모두 뜯어진 채로 발견. 이에 자유 홍콩을 위한 학생연대는 금정경찰서에 수사를 의뢰하며 고소장 제출.

- **전남대**
  - 11월 14일, 학교 담벼락에 홍콩 시위 지지 대자보 등장. 그러나 즉시 누군가에 의해 훼손.
  - 15일, '레넌 벽'을 설치하였으나, 현장에서 중국 유학생들이 항의하며 충돌 발생. 시민 일동 측은 대학본부가 '중국 학생들이 불편해한다'는 이유로 레넌 벽 설치를 만류하였으며, 물리적 충돌을 우려하여 경찰 측에 도움을 청하였으나 경찰이 충돌하지 않았다고 당시 상황을 지적. 중국 유학생회 측은

그림 13 **훼손된 전남대 현수막**

출처: "'5·18민주화운동 시작점' 전남대서 '홍콩 시위' 찬반 갈등", 『헤럴드경제』, 2019년 11월 18일.

"밤길 다닐 때 조심하라"며 협박 운운.

- 15일 저녁~16일 아침 사이, 레넌 벽이 철거된 채 발견.

- 12월 5일, 전남대에서 개회 예정이었던 홍콩 시민활동가 초청 간담회(10일 개최)가 갑작스레 취소. 해당 활동을 추진하는 광주지역 시민 사회단체(광주인권위원회)는 "전남대가 주광주 중국총영사관의 항의를 대관 취소 이유로 들었다"며 전남대의 대관 취소 통보에 반발.

• 한국외대

- 11월 15일, 대자보를 붙이던 한국인 학생의 얼굴이 노출된 용지가 공개.

- 19일, 교내 갈등이 심화되자 학교 측은 "물리적 충돌로 인명 피해가 생길 수 있다는 점을 고려한 것"이라며 대자보를 철거하기 시작. 한국외대는 "표현의 자유와 개인의 목소리도 중요하지만 무분별하고 자극적인 대자보와 유인물로 학내 갈등이 계속 악화되고 있다"며, "불미스러운 상황을 방지하기 위해 외부단체의 홍콩 시위 대자보 부착과 관련 활동을 제한하겠다"고 결정. '홍콩의 진실을 알리는 학생모임'은 이에 대해 "자유로운 토론과 민주적인 해결책을 가로막는 비민주적인 행위"라고 비판.

• 명지대

- 11월 18일, 학생회관 1층에 정외과의 한 한국 학생이 홍콩

시위를 지지하는 내용의 대자보 게시.

– 19일 저녁 7시 15분경, 중국인 학생이 홍콩 시위에 반대하
는 내용의 A4용지를 대자보 옆에 붙이는 과정에서 다른 한국
인 학생과 시비가 발생. 한국 학생이 중국 학생에게 "왜 붙이
냐?"라고 물으며 언쟁이 발생했고, 한국 학생이 팔을 잡자 중
국 학생이 이를 뿌리치며 다툼이 발생. 건물 경비원이 해당
소요를 경찰에 신고.

– 20일 오전, 학교는 학교 원칙에 따라 홍콩을 지지하는 대자
보 철거.

– 12월 4일, 당사자 쌍방이 처벌을 원치 않는다는 의사를 밝히
면서 내사 종결 처리.

그림 14 **훼손당한 대자보, 세종대.**

출처: "'홍콩시위' 대자보 훼손한 中유학생 '독도는 일본땅' 외쳐", 『머니투데이』, 2019년 11월 19일.

● **경희대**

  −11월 21일, '홍콩의 진실을 알리는 학생모임'이 서울캠퍼스 노천극장 앞에 게시한 대자보가 훼손된 채 발견. 청운관 1층에 부착되어 있던 지지 대자보에는 반대 의견이 덧붙여짐('Stop interfering in China's internal affairs(중국 내정에 간섭하지 말라)' 'One China' 등).

● **아주대**

  −레닌 벽이 홍콩 지지를 비난하는 의견으로 가득 참("중국 역사를 잘 알아보라" "폭력 시위 반대" 등)

한·중 양국 학생 간 충돌 발생에 대한 우리 정부 입장은 역시 소극적이었다. 당시 시진핑 주석의 방한 성사에 모든 신경을 집중하고 있던 정부는 원만한 해결을 원했다. 2019년 8월 20일, 우리 외교부는 우선 홍콩 시위에 대해 "당사자 간에 원만히 해결될 수 있도록 기대하고 있다"고 밝혔다. 전형적인 저자세 외교 발언이었다. 학생들 간의 설전과 논쟁이 폭력 사태로 번지자, 주한중국대사관은 11월 15일에 대변인 담화를 통해 "개별 대학 캠퍼스에서 중국과 한국 청년 학생들의 감정대립 상황이 발생한 것에 대해 유감"이지만, "중국의 청년 학생들이 중국의 주권을 해치고 사실을 왜곡하는 언행에 분노와 반대를 표하는 것은 당연하며 사리에 맞는 일"이라며 역시 자국 학생들의 언행을 정당화하고 옹호했다. 우리가 스스로 몸을 낮출수록 중국의 목소리는 더 커졌다.

중국대사관의 발언에 우리 정부는 역시 침묵했다. 대신 학생들이 다시 일어났다. 대사관 대변인이 중국 유학생을 옹호한 그날, '홍콩의 진실을 알리는 학생 모임'은 긴급 성명을 발표했다. 이들은 "주한중국대사관의 담화는 중국인 유학생들이 각 대학교에 걸린 홍콩 민주화 시위를 지지하는 대자보와 현수막을 훼손하는 것을 옹호"하고 있으며, "이는 한국의 민주주의를 전면적으로 무시하는 행위"라고 비판했다.

거의 일주일이 지난 11월 21일에 와서야 우리 외교부는 입을 열었다. 외교부는 "(홍콩 상황과) 관련해서 의사 표현이 이뤄질 때는 대한민국의 법률과 규범에 따라 이뤄져야 하는 것으로 생각하고 기대"하고 있다면서 학생들보다 더 소극적인 발언으로 성의 표시만 했다. 소극적인 자세는 대통령도 마찬가지였다. 문재인 대통령은 12월 23일 베이징에서 가진 시진핑 주석과의 회담 자리에서 믿기 힘든 발언을 내뱉었다. 그는 "홍콩과 신장(위구르) 문제에 대해 중국의 내정 문제"라는 견해를 밝히며 중국과 의견 일치를 보았다.[13] 한국 대통령이 홍콩 시민과 이를 지지하는 한국인이 잘못했다고 지적하는 격이었다. 여론이 뒤끓자, 청와대 대변인은 "시 주석이 홍콩·신장 문제에 대해 중국의 내정이라는 설명을 했고, 이에 대해 문 대통령은 시 주석의 언급을 잘 들었다는 취지의 발언을 했을 뿐"이라고 정정을 시도했다. 하지만 이미 쏟아진 물이었다.

---

13 "中언론 '文대통령, 홍콩은 中내정문제라고 말해'… 靑 '시진핑 주석에 잘들었다는 취지 언급했을 뿐'", 「동아일보」, 2019년 12월 24일.

11월 25일, 서울경찰청장은 출입기자단과의 정례간담회에서 "5개 대학에서 7건의 신고가 접수돼 수사에 착수했고 중국인 5명을 입건했다"라고 밝혔다. 이들이 실제로 입건 혹은 처벌되었는지 확실하지 않다. 명지대 학생들의 고발전은 '쌍방 폭행'으로, 양측 모두 처벌을 면하는 것으로 마무리되었다.[14] 2019년 10월과 11월에 있었던 연세대 학생들의 고발 역시 약 반년이 지난 후에야 중국 학생을 약식 기소하는 것으로 흐지부지 끝났다.[15] 많은 대학가에서 충돌이 발생했음에도 불구하고, 명지대와 연세대 등 소수의 사례를 제외하고 고발 건과 그 결과를 찾아보기는 매우 어렵다. 그러나 이들 두 사례의 시말을 고려해 보면, 있더라도 그 역시 약식 기소나 무혐의로 해결되었을 가능성이 농후하다.

우리 대학의 태도도 두 나라 학생의 갈등을 완화하는 데 결과적으로 아무런 도움이 되지 않았다. 이들 대부분이 미온적으로나 소극적으로 대처했다. 이에 관해 한국일보는 '홍콩 민주화 시위'에 한국 대학들이 전전긍긍하고 있다. 대학 내 한국 학생들과 중국 유학생들 간 갈등이 터져 나와서다. 중국 유학생을 '든든한 돈줄'로 여겼던 대학 당국은 중국인 유학생들의 눈치를 보지 않을 수 없다. 한국교육개발원 교육통계서비스에 따르면 2019년 4월 기준 한국 대학에 등록한 중국인 대학·대학원생 수는 6만 9,287명이다. 전체 외국인 유학생 가운데 43%를 차지한다. 학교별로 중국인 유학생이 많은 상위 5개 대학은 경희대(3,785명), 성

---

14 "'홍콩 시위' 갈등 쌍방폭행 한중 대학생 처벌은 안 받는다", 『한국일보』, 2019년 12월 10일.

15 "'연세대서 홍콩 지지 현수막 훼손' 중국 유학생 8명 약식기소", 『경향신문』, 2020년 5월 26일.

그림 15 **한국 내 중국인 유학생 현황.**

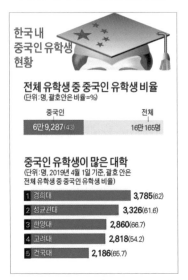

그림 15 **한국 내 중국인 유학생 현황.**

출처: "중국인유학생, 대자보 떼는 걸 영웅시… 대학가 '홍콩 갈등' 확산", 『한국일보』, 2019년 11월 14일.

균관대(3,326명), 한양대(2,860명), 고려대(2,818명), 건국대(2,186명)였다. 유학생 가운데 중국인 유학생이 차지하는 비율을 보면, 상위 5개 대학 중 한양대는 66.7%에 이르렀고, 가장 낮은 고려대도 절반이 넘는 54.2%에 달했다고 지적했다(〈그림 15〉 참조).

2008년에 이어 2019년에도 중국 유학생은 학생 신분을 이용해 우리 사회는 물론 교내 질서를 훼손하는 언동을 이어갔다. 중국대사관으로부터 엄격히 관리·감독 받는 체계에 비추어 보면, 이들은 조직적으로 행동했을 여지가 많다. 앞서 언급한 재한중국인한국유학생회를 통해 대사관의 지시를 받고 행동했을 가능성이 높다는 뜻이다. 한국으로 유학 오는 중국 학생이라면, 중국 공산당 당원이든 아니든 모두 자동으로 해당 학생회에 가입된다.

그리고 주한 중국 기관들은 이들의 언행을 관리하고 감독할 의무와 책임을 지니고 있다. 더불어 학생들의 언행이 우리의 법과 질서를 위배하고 규범과 규칙에 어긋나도 보호할 의지가 강하다.

중국 유학생이 우리 대학에서 일정 수준의 재정 수익을 책임지지만, 학위를 취득해야 하는 처지에서 이들은 선불리 행동하기도 쉽지 않다. 다시 말해, 이들도 '믿는 구석'이 없으면 범법 행위를 저지르기가 결코 쉽지 않을 것이다. 주한중국대사관은 우리나라, 우리 정부와 대학의 약점을 너무 잘 알고 있다. 중국의 영향력 공작이 쌓아 올린 성과 덕분이다. 심리전에서부터 선전전에 이르기까지, 모든 전장에서 중국은 승리했다. 이는 중국과 관련된 사건을 처리하는 우리 정부의 모습에서 매 순간 명확하게 재현된다. 우리 사회에 만연한 중국 포비아를 이용해 아무런 징벌이나 대응 조치 없이 사태를 순조롭게 마무리 지을 수 있다는 중국의 자신감을, 우리는 우리의 정부에게서 확인한다.

6장

문화적 침투, 지방과 관변단체 공략

6-1 중국공산당의 통일전선 공작의 특성

중국공산당의 통일전선 공작은 공작 대상의 취약점을 내부 연대를 통해 집중 공격하는 전략을 상용한다. 즉 내부적 갈등을 조장하여 대상의 사회와 국민을 분열시킨다. 전략이 추구하는 결과는 물론 공작 대상국이 중국 쪽으로 기울어지는 것이다. 하지만 그러자면 대상국 사회와 국민 전반에 친중국적 인식이 스며들어 있어야 한다. 이러한 인식 전환의 목표에는 장기적인 계획이 수반된다. 하루아침에 이루어질 수 없기 때문이다. 대상국은 자신만의 역사, 문화, 전통에 기반하는 이념과 가치를 오랫동안 향유하고 견지해 왔다. 이러한 사상과 이념에 전환을 불러오고, 더욱이 가치가 다른 나라에 경도되게 하는 공작은 시간이 걸리는 일이다.

이런 장기적인 공작을 단축할 수 있는 지름길은 문화를 도구(무기)로 영향력 공작 대상국에 사상적으로 침투하는 것이다. 특히 우리와 같이 역사적으로 오랜 기간 중국의 문화 영향권에 편입되어 살아온 나라는 중국이 쉽게 문화적 침투를 노릴 수 있는 대상 중 하나다. 중국문화에 별다른 이질감을 느끼지 못할뿐더러, 중국이 문화를 도구 삼아 시행하는 영향력 공작을 침투로 여기기보다 도리어 교류의 자연스러운 결과로 이해하기 때문이다. 즉, 우리 내부에는 이미 중국의 문화적 침투 공작에 자연스럽고 쉽게 노출될 수 있는 역사적 배경과 환경이 완비되어 있다.

중국의 이런 인지전은 선전전(戰)을 통해 활발히 전개되고 있다. 오늘날 역시 마찬가지다. 앞에서 봤듯이 여기에는 여론전과 심리전 등이 동원된다. 이렇게 미디어를 통한 고압적이고 위압적인 여론전에서 중국이 노리는 것은 하나다. 곧 중국을 의식할 수밖에 없게 만들어 우리를 심리적으로 위축시키는 것이다. 이제 문화는 선전전, 여론전, 심리전, 그리고 이들을 포괄하는 인지전에 이르기까지 영향력 공작 전장의 주요 선봉으로 우뚝 서고 있다.

인지전은 중국이 원하는 방식으로 중국을 인지하도록 우리를 조정하는 포섭 침투 전략이다. 여기에는 다양한 수단과 방법이 동원된다. 선전과 매수에서부터 압박과 위협까지, 다채로운 경로와 방식을 활용하여 사회나 국가의 의사 결정에 영향을 미칠 수 있는 이들의 대중국 인식을 왜곡시키는 것이 목적이다. 더 나아가 이의 최종 목표는 해당국 국민의 중국에 대한 전반적 인식을 우호적으로 전환하는 데 있다.

6-2 중국, 공공외교 통해 '중국 포비아' 살포

중국은 여느 나라와 같이 대외적인 이미지 제고를 위해 공공외교라는 외교적 수단에 의존하는 외교를 펼친다. 특히 중국에 대해 외부세계가 자칫 가질 수 있는 자국의 행위에 대한 오해와 의심을 불식시키는 게 목표다. 이를 위한 공공외교의 대표적인 수단은 선전전이다. 중국은 공공외교를 통해 자국의 대외적인 행위의 의도와 목적을 우호적으로 선전하는 데 외교적인 노력을 집중한다. 이 같은 중국의 선전과 홍보 노력은 자연스럽게 여론전으로 이어진다. 중국의 선전전은 다양한 소통 채널과 '문화교류'를 통해 대상국의 여론이 자국에 대한 이미지, 대외적 행위의 의도와 목적을 우호적으로 선전하도록 유도하는 데 총력을 다한다.

이 가운데 문화교류는 성공적인 공공외교의 주인공이다. 문화를 도구로 전개하는 공공외교의 역사는 오래되었다. 문화교류라는 미사여구를 달고 공공외교라는 수단을 통해 한 사회에 영향력을 침투·확산하는 것이 선전전의 목표다. 그 목적은 선전전의 효과를 극대화하는 데 있다. 중국 또한 이미 오래전부터 이런 방식의 공공외교를 전개해 왔다. 1950년대 제3세계 국가와의 교류가 그 시작이었다. 중국은 이들에게 경제적, 외교적, 정치적 지원을 제공하고 문화교류를 활성화함으로써 이들 내부에 자국 영향력을 발휘할 수 있는 기반을 오랜 기간 탄탄히 다져 두었다. 21세기에 들어와서는 새롭게 소개된 소프트파워 개념과 부합하는 외교적 방식과 전략으로 선회하여, 이외의 지역에서도 영향력 확대를 도모할 수 있는 공공외교를 적극 추진하고 있다.

중국이 공공외교 범주 내에서 선전전과 여론전을 통해 달성하려는 목표는 심리적 우위를 차지하는 것이다. 대상국의 여론과 국민의 인식을 자국이 원하는 방향과 태도로 전환함으로써 그들을 조정할 수 있는 심리적 우위를 점하는 것이다. 심리적 우위에 우뚝 서게 되면, 중국에 우호적인 여론과 인식의 확산은 물론 중국을 두려워하는 의식과 심리를 배양시키기가 수월해진다. 하지만 이렇게 될 경우 중국과 관련된 의사 결정을 내릴 때마다 자연스레 중국의 반응을 먼저 의식하게 된다. 결국, 중국을 과도하게 의식함으로써 국익에 소홀해지도록 만드는 것이 중국 공공외교의 궁극적 목표라고 할 수 있다.

다시 말해, 공공외교의 이면에는 대상국의 호감도와 우호감을 상승시켜 자국에 유리하게 이용하려는 속셈이 숨어있다. 다른 한편, 이런 상승효과는 대상국의 동정심 또한 유발할 수 있는 이중성을 가지고 있다. 정서적으로, 감정적으로 공공외교를 펼치는 과정에서 대상국으로부터 동정심을 유발하고 이를 확대시키는 것 역시 또 다른 목표 중 하나다. 특히 여기에는 공공외교 대상국의 이성적 판단 능력이 저해되는 효과를 보겠다는 복선이 깔려 있다. 공공외교 덕분에 감성적으로 변한 나라들은 공공외교에 공을 들이는 나라에 대해 반대표를 던지기가 점차 힘들어진다. 공공외교의 수혜를 입은 나라들은 자연스레 심리적으로 위축될 수밖에 없기 때문이다.

게다가 자칫 공공외교 제공 국가의 심기를 건드려 반대급부의 결과를 초래할 수도 있다는 우려가 수혜국의 의식과 무의식을 지배한다. 가령, 우리는 중국을 불편하게 한다면 중국이라는 거대 시장에 대한 지분 축소 혹은 상실의 제재를 받게 될 것이라고 연상하고 확신한다. 이는 우리의 자생적 악습관이다. 중국과의 문화교류가 우리 사회와 국민 사이에 이른바 '중국 포비아'가 자생할 수 있는 배양분을 살포한 결과다.

이런 의미에서 우리나라는 이미 중국의 여론전과 심리전에 구속되어 버린 양상을 보이고 있다. 이 같은 현상은 2016년 우리가 사드 배치를 결정하고 중국이 보복 조치로서 경제제재를 채택한 이후부터 만연하다. 이때를 기점으로 중국이 우리와의 심리전에서 우위를 선점했다고 해도 과언은 아니다. 이후 우리 사회에는 '중국 포비아'가 자라나기 시작했다. 중국에 대한 우리만의 '환상(myth)'이 창궐하고 있는 상황에서 중국의 보복조치는 우리 내부에 중국에 대한 심리적 두려움을 키워냈다. 다시 말해 외교적 의사 결정을 고려하고 결정할 때, 국익보다 중국의 반응과 보복을 자연스럽게 우선 의식하는 악습관이 우리의 엘리트층 속에 만연하고 있다.

우리나라 엘리트층이 '친중' 행보를 보이는 배경에는 '중국 포비아'의 심리적 지배가 있다. 이들은 외국과 마찬가지로 정치사상은 진보주의, 정치성향은 좌파로 분류되는 정치 세력에 속한다. 서구 사회에서도 친중 세력은 우리와 유사한 정치적 성향을 가진 엘리트 계층이다. 서구사회의 진보·좌파 인사들이 사회주의와 공산주의를 표방하는 중국에 우호적인 이유를 추측하기란 쉽지 않다. 우리의 진보 정치인과 다르게 서구의 진보 지도자가 추구하는 바는 사회주의 체제의 실현이나 공산 세계의 달성이 아니기 때문이다.

한 가지 개연성이 있다면, 이들은 보수주의자보다 사고와 사상 면에서 더 개방적·진보적(liberal)이고 '열린 마음(open-mind)'을 가졌다는 점이다. 그래서 중국의 상황과 사정에 더 쉽게 동정심을 가지고, 중국인의 고충에 대해서도 더 깊은 이해와 공감을 보일 수 있다. 그러면서 교류와 접촉의 활성화가 중국에 변화를 몰고 올 수 있다는 믿음이 보수주의자보다 커지고 단단해지는 것이다.

이들의 '친중'은 자국 내 화교, 화교 사회와 맺은 깊은 인연에서 비롯된다. 주류 사회에 진출한 화교들과의 개인적인 친분에서부터 결혼을 통해 형성된 가족 구도 등으로 중국의 인지전, 심리전, 여론전에 취약해질 수밖에 없는 조건을 갖추고 있다. 이런 개인적 관계를 토대로 중국에서 추구하는 경제적 사익 또한 이들의 취약점을 강화하는 결정적 요인으로 역작용한다. 즉, 화교 사회와 화교를 통해 시작된 중국에서의 사업이 막대한 경제적 이익을 불러올수록 이들은 중국의 주장과 요구에 순응할 수밖에 없게 된다.

다행스럽게도 우리나라는 앞서 설명하였듯 화교 사회가 외국에 비해 크지 않다. 중국 영향력 공작에 활용될 수 있을 만큼 규모가 크지 않고 사회적 위상도 높지 않다. 그러나 우리 사회에는 중국이 가용할 수 있는 대규모의 친중 세력이 존재한다. 이들과의 공공외교를 통해 중국은 이미 얻고자 하는 바를 절반 이상 성취했다 해도 과언은 아니다. 우리 곁의 친중 세력은 중국에 대한 환상을 고취시키는 한편, 중국에 대한 두려움을 확산시키며 중국을 부지런히 돕고 있다.

우리 사회가 중국 인지전에 취약한 이유는 또 하나 있다. 바로 우리 사회의 본질 곧 민주주의 사회의 특성이다. 현재 중국은 인지전 전략 운영 가운데 이의 활용 가치를 극대화하고 있다. 그 특성이란 민주주의 사회의 다원성이다. 개방과 관용을 최고의 가치 중 하나로 여기는 민주사회는 매우 자유롭다. 자유의 수준은 반정부 의견을 개진하는 것마저 허용할 정도다. 우리 헌법은 반정부 의견 또한 '표현의 자유'로 보호하고 보장해 준다.

민주사회는 모든 구성원이 자신만의 신념과 가치를 추종할 수 있는 자유를 보장한다. '표현의 자유'와 '언론의 자유'가 탄탄히 보장되기 때문에 언론은 반정부 의견을 자유롭게 제시하고 수렴할 수 있다. 더 나아가 헌법은 국내에서 창당과 조직 결성의 자유 역시 명시했다. 이는 우리 정부와 사회, 그리고 우리나라가 추구하는 가치와 이념에 반하는 정당 혹은 조직이라도 정당하게 존재할 수 있는 법적 근거를 제공한다.

우리 사회는 급격한 산업화에 따라 노동자 계층이 깊게 형성돼 있다. 노동자들의 노조 활동도 자유롭다. 상기한 이유의 맥락에서 이들이 조직한 범민련과 같은 단체는 반국가단체로 판명되어도 우리 사회에서 거리낌없이 활보할 수 있다. 문제는 인공지능(AI)과 SNS 등 기술의 발달로 반국가단체의 활동이 점차 과거와 다른 양상을 보이고 있다는 점이다. 과거 이들의 주요 활동 무대는 지하(地下)로 국한되었고 수면 위로 나오는 경우는 매우 드물었다. 그러나 이들의 활동 무대는 수면 위로 점차 부상하다 못해 공개된 공간으로 전환되고 있다. 공개된 공간에서 자유롭게 활동할 수 있게 된 것이다. 이러한 반국가적 활동의 수위를 통제할 수 없는 현행 법망의 한계를 틈타, 우리 사회는 외국의 영향력 공작에 좋은 먹잇감이 되고 있다.[16]

우리의 자유롭고 다원화된 사회는 역으로 우리를 중국 초한전의 좋은 먹잇감으로 전락시키고 있다. 더욱이 문화적 침투 역사와 경험이 풍부한 중국에 반해, 대응책이 부족한 우리 사회는 중국 초한전의 위협에 꼼짝없이 노출되어 있다. 중국의 문화적 침투 목적은 대상국의 구성원을 중국에 우호적인 인사로 변환시키는 것이다. 이 목적은 우리의 최고 의사 결정 계층에까지 유효하다. 궁극적으로 우리의 최고 지도자와 정부 및 정권이 중국에 경사된 정책을 개진하는 형세, 곧 우리나라가 평시에 중국에 예속되고 긴장 국면에서는 복속되는 결과를 노린다.

이런 중국의 의도와 목적이 이미 절반의 완성을 거두었다고 해도 과언은 아니다. 이의 방증으로 국내 중국 전문가를 비롯한 오피니언리더, 지식층, 학계 곳곳이 중국에 대한 이해를 촉구하는 현상을 들 수 있다. 이들은 우리 국민의 대중국 이해를 돕고자 부지런히 애쓰고 있는데 그들의 언사를 들어보면 한 가지 공

---

16 김진하, 『전체주의 국가의 대(對)한국 영향력 공작 실태』, 2023 한국세계지역학회 동계학술회의집, 2023년 11월 24일, pp. 81-89.

통점을 발견할 수 있다. 바로 중국의 '예외주의(exceptionalism)'다. 이들은 중국 '예외주의'를 선전하면서 우리 국민이 중국에 가지고 있는 질문과 궁금증에는 도리어 수세적이고 방어적으로 일관한다. 중국 '예외주의'에 흠뻑 빠진 이들은 종종 '중국 특색', '중국의 독특한 사정', '중국이기 때문에 다르다', '중국은 예외적일 수밖에 없다'는 식의 소극적인 항변으로 국민을 갸우뚱하게 만든다.

이들은 대한민국 국적을 가진 대한민국 국민이다. 이들이 중국 '예외주의'를 선전하고 운운하는 언사를 내뱉는 것은 우리 국민을 기만하는 행위다. 중국을 정확하게, 전면적으로, 깊게 이해하고 분석하는 작업은 실제로 많은 한계와 난관을 전제하고 있다. 그러나 전문가라면 전문가답게 최소한 과학적으로, 객관적으로, 이성적으로 중국을 분석하고 이해하려는 시도를 해봐야 한다. 궁극적으로 우리만의, 한국식 결론을 도출해 내려는 시도와 용기를 보여야 한다. 중국 '예외주의'는 중국인만이 누릴 수 있는 '특권'이기 때문이다.

우리의 전문가, 지식인, 학자, 오피니언리더, 기업인, 정치인들은 한중수교 이후 지난 30년 동안 중국과 두터운 이해관계를 구축해 왔다. 때문에 이들에게 중국 '예외주의'에서 벗어나 정확히 중국을 분석하라고 요구하는 것 자체가 어려운 부탁 심지어 불가능한 요구일 수도 있다. 이들은 이미 중국인들과 공무상, 사업상 혹은 사적인 인적 관계, 즉 두터운 이해관계를 형성하고 있다. 그러나 다른 한편 이런 이해관계로 이들은 중국에 약점을 잡힐 수밖에 없다. 그래서 중국을 객관적으로 분석하려는 시도는 무리수가 될 수밖에 없다. 중국에 대한 비판과 비평을 기대하는 것은 점점 더 불가능한 일이 되고 있다.

이들은 또한 중국의 위압적이고 고압적인 태도에도 매우 취약하다. 중국에서 취하는 이득과 이익이 적지 않기 때문이다. 중국에서의 이해관계로 이들은 중국의 주장과 변론을 액면가 그 자체로 수용하는 데 이어 중국에 종속되는 행보로 나아갈 수밖에 없다. 결국 이들은 국내를 무대로 중국을 대변하거나 옹호하는 언행에 점차 더 의존하게 된다. 중국에서 이들의 인적 관계, 교류 활동, 사업 혹은 경제활동이 불이익을 받거나 제약받을지도 모르는 '가능성'을 지나치게 의식한 탓이다.

6-3 공자학원의 간첩 활동, '영향력 공작' 선봉대

우리나라 대학에 유치된 공자학원(孔子學院, 공자아카데미)은 외국과 달리 간첩 활동의 일환으로 판명 혹은 의심할 만한 충분조건이 부족하다. 우선 중국인이 우리 대학과 학계에 진출하는 문턱은 서구와 달리 매우 낮다. 주지하듯 중국인 유학생이나 학자들에 대한 서구 대학과 학계의 문턱은 매우 높다. 미국이나 서구의 대학에 중국인들의 접근이 어려운 현실은 중국이 공자학원을 '문화 첨병'의 도구로 이용하는 이유 중 하나다. 대부분의 중국인들은 비자 신청에서부터 서구의 높은 문턱을 실감한다.

비자 발급을 위해 충족해야 할 유학이나 교류 자격은 몹시 까다롭다. 그리고 이런 충족 요건을 갖추기 어려운 이들에게 공자학원은 좋은 대안이 된다. 공자학원의 이른바 '교사' 혹은 '방문자' 자격이면 서구 학계에 진입할 수 있다. 공자학원의 일원으로서 비자 발급을 포함한 모든 행정적, 영사 문제도 수월하게 해결할 수 있다. 다시 말해, 서구의 학문 세계로 진입하기 위한 도구로서 공자학원을 이용할 수 있다는 뜻이다.

반면 우리의 학계나 대학 문턱은 오가기가 수월하다. 비자 발급 문제만 해도 우리는 중국에 매우 관대하다. 거기다 형평성마저 잃은 지 오래되었다. 가령, 우리나라에 자주 방문하는 중국인 전문가라면 5년짜리 복수 비자를 쉽게 발급받을 수 있다. 중국에는 이런 배려가 없다. 상호주의로 응대하려는 성의도 없다. 중국에 자주 방문하는 한국의 전문가라 할지라도 다른 분야 종사자들과 마찬가지로 1년짜리 복수 비자만 허용된다. 국내 일부 '친중' 인사가 5년짜리 복수 비자를 발급받은 사례가 있으나 극소수에 불과하다. 이처럼 중국인 전문가들은 우리나라를 장기적으로 쉽게 입출국할 수 있다. 사적인 목적이든, 공적인 목적이든, 큰 제약 없이 우리나라의 국경을 자유로이 넘나들 수 있다는 뜻이다.

또 다른 이유는 학문의 자유에 관대한 우리의 역설적인 교육 풍토 때문이다. 서구는 학문의 자유 개념과 정의가 매우 까다롭다. 그들에게 자유는 구속과 제약에서 벗어날 수 있고 나아가 이를 보장해야만 하는 것, 특히 '보장'의 의미가 강한 개념이다. 지적 호기심에 의거한 자유로운 토론은 보장되어야 하며, 이견이라도 이를 논의하고 수용할 수 있는 학문적 관용이 또한 보장되어야 한다.

우리의 비교적 관대한 교육 문화와 풍토를 이용해 중국 정부의 대리 기관인 공자학원이 우리 학계와 캠퍼스에 스멀스멀 침투하고 있다. 이들이 우리나라 대학, 학계, 캠퍼스에 진출하는 의도와 목적을 의심하는 이들은 거의 없다. 반대로, 서구 세계에서는 이들이 영향력 공작, 즉 인지전을 대리하기 위해 진입했다는 인식이 팽배하다. 이러한 인식은 공자학원의 교수법과 수업방식이 학문의 자유를 존중하지 않고 있다는 데서 기인한다. 서구 캠퍼스가 보편적 가치로 여기고 강조하는 학문의 자유에 대한 존중이 공자학원 교실 내에서 지켜지지 않는다는 것이다.

학문의 자유를 보장하지 않는 공자학원 내부에서 특정 이슈, 즉 중국이 민감하게 여기는 사안들은 절대 언급될 수도, 논의될 수도 없다. 이런 이슈에 대한 공자학원의 운영 방침이 배타적이고 폐쇄적이라는 게 미국을 비롯한 많은 자유민주주의 국가의 판단이다. 이를테면, 중국의 민주주의와 민주화, 1989년의 천안문사건(6·4 천안문사태), 신장 위구르족, 티베트, 홍콩, 대만, 인권 등의 문제를 공자학원 수업 시간에 거론하는 것은 금지다. 하지만 중국을 궁금해하고 이해하려는 이들에게 이러한 문제들은 지극히 평범한 지적 호기심에서 나오는 것들이다. 중국 현지에서 파견 나온 선생님들이 누구보다 더 잘 알고 있을 것이라 여기는 것, 그래서 질문을 던지는 것 모두 학생으로서 자연스러운 행동이다. 통제와 금지의 명분이 어디에 있는지 고민해 볼 수밖에 없는 대목이다.

역으로 공자학원 내에서 허용되는 토론 주제는 환히 짐작된다. 중국의 괄목할 만한 역사 유산, 경제, 중국의 전통 미덕, 그리고 공산당의 정당성, 역사관과 세계관에 대한 찬양이 바로 그들이다. 이런 교수법과 수업방식에서 외국 학생이 이해하고 공부하는 중국은 '반쪽' 뿐이다. 공자학원에서 선전하고 싶은 중국의 '반쪽' 역사는 휘황찬란하다. 물론 존중하고 높이 평가할 만한 부분이다. 배울 가치도 있다. 그러나 외국 학생들은 자기네 나라와 중국이 왜 갈등을 겪는지를 궁금해한다. 어떤 배경에서 갈등이 발생하였는지, 갈등의 내용은 무엇인지, 양측의 입장은 무엇인지 등에 호기심을 가진다. 자연스러운 일이다. 그리고 되도록 호기심에 대한 대답을 중국인으로부터 직접, 중국인의 관점에서 듣고 싶어 한다. 그러나 공자학원은 이러한 지적 호기심에 눈길도 주지 않는다.

우리나라에 유치된 공자학원에는 상기한 문제점이 아직은 발견되지 않고 있다. 위에서 언급한 중국의 국제관계, 역사 등을 궁금해하는 이들이 비교적 적기 때문일 지도 모른다. 오래도록 유교의 전통문화를 유지해 온 한국의 학풍은 수업 외적인 문제를 질문하지 않고 자제하는 것을 미덕으로 여긴다. 수업 시간 외에도 '도발적 발언'을 들을 수 없는 현상 역시 우리의 학문적 풍토에서 기인한 것으로 볼 수 있다.

유교 문화가 강한 우리나라에서 학문적 관용과 분위기 및 풍토는 서구의 그것과 확연히 다르다. 선생님을 존경하고 선생님에 반하는 의견 개진을 극도로 자제하는 것, 이들을 미덕으로 여기는 전통이 아직도 존재하기 때문이다. 따라서 공자학원을 유치한 우리의 교육기관이나 공자학원에서 수강하는 학생들은 공자학원이 요구하는 제약과 절제 조건을 대부분 수용한다. 우리 교육문화 전통의 관성이 유효하게 작용하는 대목이다.

이런 우리의 교육문화와 전통은 중국이 공자학원을 활용해 공공외교를 실시하고 나아가 중국의 영향력 공작 목표를 달성하는 데 유용한 도구로 소모된다. 서구와 다르게 우리나라에 유치된 공자학원은 국내 학계 인사나 전문가 포섭에 동원되지 않는다. 대신 문화적 침투로 진행되는 인지전의 주요 무기가 된다. 공자학원에서 제공하는 교재, 교육자료나 활동에 이의를 제기하지 않는 것 역시 우리 교육문화의 단면을 보여준다. 서구에서 이에 대한 이의 제기가 공자학원 폐쇄로 이어진 것과 뚜렷이 대비되는 모습이다. 최근에 와서야 우리나라 일각에서 공자학원이 주최하는 '정율성 동요제' 등을 반대하는 목소리가 나오고 있다.[17]

다시 말해 우리나라의 공자학원은 중국 영향력 공작의 선봉대 중 하나로서, 우리의 교육문화 풍습과 전통을 이용해 중국의 문화적 침투를 단행하고 있다. 여기서 문화적 침투는 반복 학습, 곧 세뇌를 통해 이루어진다. '학문의 자유'를 빌미로 중국은 자신의 관점과 주장을 우리나라 학생에게 끊임없이 주입한다. 우리의 자각 능력을 무디게 하면서 무의식 속에 중국의 존재감을 키워내는 전략이다. 중국의 노림수는 명백하다. 중국에 대한 부정적

---

17 정율성(鄭律成, 1914?~1976). 중국 인민해방군가와 북한의 조선인민군 행진곡을 작곡하였다.

이미지와 경험을 형성하고 저장하는 우리의 자각 능력과 기억 능력을 마비시키는 것이다. 그리고 동시에 중국을 미화하는 반복 학습을 통해 중국을 자연스럽게 추종하도록 만드는 것이다.

중국은 문화와 교육을 도구 삼아 영향력을 펼친 경험이 풍부하다. 중화권에 속했던 우리나라 역사만 봐도 가히 그 일부를 체감할 수 있다. 중국은 문화가 가진 영향력의 가치를 오래전부터 체감해 왔다. 중화인민공화국이 건국된 1949년 이후에도 중국은 정치적인 목적, 즉 정권의 공고화를 위해 빈번히 문화를 이용했다. 이의 대표적인 실례가 문화대혁명이다. 사상과 이념을 전파·교육·확산하기 위한 도구로서 문화의 기능을 가장 극대화한 사례다. 이 시기(1963~1976)에 조직된 홍위병은 문화 활동에 대거 동원되었다. 지금도 중국은 초한전의 전략으로서 과거 홍위병과 유사한 첨병을 활용하고 있다. 이들은 우리나라에도 파견되어 영향력 공작의 수단으로서 복무를 다 하고 있다. 첨병을 통해 우리 사회의 분열을 획책하는 방법과 수단도 다양해지고 있다.

6-4 공자학원은 중국 공산당 산하 기관

: 2004년 서울 → 2023년 전국 23개소

2004년 중국은 세계 최초의 공자학원을 서울(서울 공자학원)에 건립했다. 이를 필두로 2023년 현재 국내에 세워진 공자학원은 총 23개소다. 이 가운데 22개소가 국내 대학 캠퍼스 내에 자리 잡고 있다. 공자학원이 해외에 진출하기 위해서는 해외 대학과 중국 대학이 합심하여 유치를 결정해야 한다. 즉, 중국의 대학과 외국의 대학이 파트너가 되어 공자학원을 해당 국가 대학에 설치한다.

서울 공자학원만은 특별한 케이스다. 독자적으로, 세계 최초로, 그리고 대한민국 수도 서울에 독보적으로 세워진 것이다. 이의 배경과 연유를 명확히 아는 이는 드물다. 그러나 이와 관련된 설(說)은 무성하다. 하나의 시범 케이스로 진출했다는 설부터, 공자학원이 한어수평고사(漢語水平考試, 'HSK')를 전 세계적으로 관장하기 때문이라는 설도 있다. 세계에서 HSK 응시생이 제일 많은 나라가 한국이라는 사실과 관련 있다는 해석이다. 이유야 무엇이든, 서울 공자학원이 특별한 사례임은 분명하다.

여기에 중국의 '민간' 학회 격인 차하얼(察哈爾)학회는 2019년에 서울 연세대학교와 함께 연구소를 설립했다. 중국의 영토인 마카오 이후 첫 공동연구소였다. 또 해외에 설립한 첫 연구소였다. 연세대에 연세-차하얼 연구소가 개소할 당시 중국 측 기사는 두 개의 지부(支部)를 소개했다.[18] 하나는 마카오였고, 다른 하나는 서울이었다.

주목해야 할 것은 학회의 지부와 공동 연구소의 의미가 확연히 다르다는 점이다. 학회 지부는 독립 채산이다. 따라서 중국의 지부는 중국이 독립적으로 운영한다. 바로 이 점 때문에 저자는 해당 기사에 경악을 금할 수 없었다. 마카오는 중국의 영토이기 때

18 지금은 '지부'라는 표현을 담은 기사는 사라졌다.

문에 지부를 설립해도 문제 될 것이 없다. 그러나 중국의 일개 학회가 한국의 대학 캠퍼스에 지부를 설립했다는 사실은 영향력을 펼치겠다는 의미로밖에 해석할 수 없다. 또 하나 주의해야 할 점은 지부 설립 이후 언론의 눈가림이다. 설립된 이후, 개소식과 관련된 기사는 연세-차하얼 연구소라고 표기함으로써 해당 센터(지부)를 두 기관이 공동으로 운영하는 기관으로 둔갑시켰다.

공자학원을 경계해야 하는 더 큰 이유는 그가 중국공산당의 산하 기관으로 운영되기 때문이다. 더 구체적으로 말하자면 중국 국무원 교육부가 지원한다. 중국 정치권력 구조상 국무원의 지원 사업이란, 중국공산당의 지시하에 진행되는 사업이다. 중국공산당이 세운 정책의 목적을 실현하기 위해 정책을 집행하고 실천하는 기관이 바로 중국 국무원이기 때문이다. 따라서 중국 국무원의 사업이라면 곧 중국공산당이 결정한 것이다. 사업에 관한 모든 제반 사항에는 중국공산당의 인지, 승인, 재가, 인정이 전제된다. 그리고 이를 근거로 모든 의사 결정이 이뤄진다. 중국공산당과 불가분의 관계를 지니고 있다는 뜻이다.

1987년 7월 국무원 소속의 '국가한어국제추광영도소조(國家漢語國際推廣領導小組. 국가 중국어 국제 확산 영도소조)'가 설립되었다. 중국어의 국제적 확산을 지도하는 '작은 그룹(小組)'이라는 뜻이었다. 중국 권력 기구에서 영도소조(영어로 leading small group)는 중국공산당과 국무원에 각각 존재한다. 공산당 조직으로서 영도소조는 중앙정치국 상무위원과 정치국 사이에 위치하며, 하부 조직과 기관 혹은 상부로부터 전달받은 의사를 심의·검토·논의·결정한다. 영도소조가 결정한 사안은 곧 최종 안건이 된다. 시진핑 당 총서기가 다수의 영도소조 수장을 맡고 있는 이유다.

국무원의 영도소조는 국무원 부처가 당에서 결정해 하달한 안건을 잘 집행하는지를 전문적으로 관리·감독하는 조직이다. 그래서 당(의사결정자)과 국무원(집행자)의 관계와 마찬가지로 당의 영도소조와 국무원의 영도소조 역시 유사한 관계성을 띤다. 국가한어국제추광영도소조가 국무원의 영도소조이므로 이에 참여하는 조직도 국무원 산하의 관계 부처다. 여기에는 교육부, 국무원 교무판공실(國務院僑務辦公室), 국무원 외사판공실(國務院外事辦公室. 이후 국무원 신문판공실(國務院新聞辦公室)로 개칭), 외교부, 문화부, 광보텔레비전부(廣播電影電視部), 신문출판서(新聞出版署), 국가언어문자공작위원회(國家語言文字工作委員會) 등 8개 부처와 베이징언어학원의 영도소조(1998년 이후 불참) 등이 포함된다.

원칙적으로 모든 관리의 책임은 교육부에 있다. 그러나 영도소조가 설립 이후 그 책무를 담당하고 있다. 공자학원의 본부인 '한판'은 국무원의 국가대외한어교학영도소조의 상설기구로 출범했다. 정식 명칭은 '국가대외한어교학영도소조판공실(中國國家對外漢語教學領導小組辦公室)'였다. 그리고 2006년 5월에 오늘날 잘 알려진 '국가한어국제추광영도소조(國家漢語國際推廣領導小組)'로 개칭하였다.

비록 당 소속의 영도소조는 아니지만 이를 진두지휘하는 조장으로는 공산당 내부에서 영향력 있는 인사가 선임되었다. 그가 천즈리(陳至立) 당시 국무위원이다. 이후 천은 중국공산당 정치국 정치위원과 전국인민대표대회 상무위원회 부위원장 등을 역임했다. 실제로 그녀는 쾨테인스티튜트(독일문화원), 스페인의 세르반테스인스티튜트(스페인문화원)에서 영감을 얻어 공자학원의 이름을 제안하고, 채택되게 할 정도의 영향력을 발휘했다. 현재 공자학원총부 이사회 주석은 쑨춘란(孫春蘭) 부총리이다. 그녀는 중국공산당 중앙통일전선공작부장과 중국공산당 정치국 중앙위원을 역임했다. 그녀의 전임자인 류예둥(劉延東) 역시 당 내에서 같은 직책을 맡았다. 이는 중국공산당과 공자학원 간 밀접한 유착관계를 보여주는 유력한 방증이다.

본래 공자학원은 2004년 설립된 한판에서 관리·운영했다. 그러다가 2007년 1월, 한판은 공자학원총부(孔子學院總部)로 개명했다. 2020년 7월에는 교육부 중외어언교류합작중심(教育部中外語言交流合作中心)으로 전환되었다. 이 과정에서 세계에 설립된 공자학원에 대한 관리 의무는 축소되고, 운영 책무가 강화되었다. 관리 책임의 의무는 2020년 7월에 신설된 중국국제중문교육기금회(中國國際中文教育基金會)가 넘겨받았다. 기금회의 설립 배경은 구체적으로 알려지지 않았다. 다만 정황 증거를 근거로 유추하는 것은 어느 정도 가능하다. 즉 서구에서 공자학원 폐쇄가 연쇄적으로 일어나자, 당의 '정치적 냄새'를 무마하기 위해 한판을 총부로 대체하고 총부의 의무를 기금회와 양분화했다는 것이다. 정치적 색채를 희석시키면서 '민영화' 조직을 내세우는, 곧 대외 안심 전략으로 선회했다고 볼 수 있다.

6-5 지방대학 공자학원: 중국 유학생 유치의 교두보

공자학원이 우리나라에서 문제가 되는 또 하나의 이유는 파견된 중국어 교사에 있다. 공자학원이 미래세대를 교육하는 기관으로서 직분을 충실히 이행한다면 경계할 이유가 없다. 우리 미래세대가 중국어를 더 잘하도록, 중국을 더 잘 이해하도록 원어민 교사가 성심성의를 다해 잘 가르쳐 준다면 가성비 최고의 교육프로그램임에 틀림이 없기 때문이다. 중국 정부 당국이 보조하고 지원하는 프로그램이기에 수강생들은 웬만한 학원보다 더 저렴한 수강료로 중국어와 중국문화를 학습할 수 있다.

더욱이 중국어 교육 자격증을 가지고 다년간 중국어 교수법을 연구한 중국 원어민이 우리의 중국어 교사에게 노하우를 전수해 준다면, 공자학원은 우리나라 중국어 교사에게도 소중한 교류의 장이 될 수 있다. 중국의 의도가 '순수'하다면 말이다. 그러나 공자학원에 파견된 중국 원어민 교사 및 교수의 수준은 상기한 해피엔딩을 끌어내기에 부족함이 없지 않아 있다.

원어민 교사의 능력과 실력을 폄훼하는 것이 아니다. 현실이 그러하다. 중국 원어민 교사의 자격 미달 문제는 공자학원의 수강 실태와 운영 현황에서 고스란히 드러난다. 공자학원을 유치한 대학 대부분은 중국어전공을 개설한 학교들이다. 전공자들은 공자학원이 가진 많은 이점을 중국어 실력 향상을 위해 충분히 활용할 수 있다. 우선 공자학원은 교내에 위치하고 있기 때문에 접근성의 이점이 있다. 수강료가 저렴하다는 경제적 이점 역시 있다. 또 원어민이 수업을 진행한다. 그럼에도 대부분의 공자학원은 중국어 수업은 물론 중국 이해를 돕기 위해 개설된 문화강좌 등에서 저조한 등록률로 어려움을 겪고 있다. 이러한 현상은 무엇을 방증할까?

요즘 학생들이 아르바이트, 공모전 등 하는 일들이 많아 예전과 달리 캠퍼스에 머무는 시간이 적은 것도 사실이다. 그러나 이런 상황에서는 역설적으로 교외의 학원보다 교내에 위치한 공자학원에서 수강하는 것이 더 효율적일 수 있다. 그럼에도 학생들이 공자학원 수업을 기피하는 것은 몇 가지 이유 때문이다. 특히 교수법의 아쉬움이 크다. 즉, 교외 학원과 비교하여 공자학원 교수법이 특출나다고 생각할 부분이 적다는 것이다. 이는 공자학원 강사들의 문제가 내재적으로 존재한다는 방증이다.

한국으로 파견된 중국 원어민 강사 모두가 외국인을 대상으로 중국어를 교육할 수 있는 자격증을 보유하고 있는 것은 아니다. 특히 공자학원 도입 초기에 중국인 강사들의 교육 배경은 공자학원의 설립 목적과 의도에 자주 배치되었다. 무관한 전공, 부족한 학위 수준 등 우리 기준에서 보면 '자격 미달'인 강사들이 대거 한국으로 파견되어 왔다. 그들 대부분은 학사나 석사 학위 소지자였다. 학생을 가르칠 선생으로 왔지만, 이들에게 한국 파견은 사실 더 높은 학위를 취득할 수 있는 호기였다. 중국어 교육 경험과 언어 교육 지식이 미천한 이들에게 수업은 자연스럽게 뒷전으로 물러났다. 최근 조건을 갖춘 강사들이 공자학원에 예전보다 더 많이 포진되고 있지만, 학생들의 참여율은 여전히 교외 학원과 비교해 현저히 낮은 수준을 벗어나지 못하고 있다.

학생들로부터 인기가 저조한 상황을 타개하기 위해 공자학원은 장학금 제도를 꺼내 들었다. 중국 유학을 희망하는 학생들에서부터 교환학생에 이르기까지 폭넓게 지원하는 제도를 도입하였다. 다만 교환학생으로서 공자학원의 장학금 지원 자격을 갖추기 위해서는 공자학원에서 학점을 이수해야 한다. 최소한 반년 동안 공자학원 수업을 수강해야 한다. 반면, 중국 유학을 지원하는 공자학원 장학금은 이 같은 조건을 요구하지 않는다. 대신 유학하는 동안 장학금 수혜를 유지하기 위해 공자학원 본부에 정기적으로 보고서를 제출해야 하는데, 이때 수강 현황, 학술 활동, 연구 경비 사용 내역, 그리고 한 해 동안 중국 대학에서 수학하며 느낀 점 등을 상세히 작성해야 한다. 그야말로 학교생활 전반에 대한 '고해성사'를 공자학원 측에 해야만 하는 의무가 주어지는 격이다.

또 하나의 문제점은 공자학원에 파견 나온 중국인 선생님들이 우리나라를 선호하는 '이유'에 있다. 즉 한국에서 (비자에) '구속받지 않고 자유롭게' 생활할 수 있다는 것이다. 이들이 발급받은 비자는 발급 목적 이외의 활동을 금지한다. 그럼에도 이들은 체류하는 동안 버젓이 다른 활동을 벌인다.

가령 국내 유수 대학에서 학위를 받기 위해 학업에 종사하는 경우를 심심찮게 볼 수 있다. 이는 엄연히 비자 규정을 어긴 불법행위다. 하지만 우리 대학들은 이들의 입학을 허용하고 졸업도 도와준다. 어디서부터 잘못되었는지 따져 봐야 할 부분이다. 이는 비단 공자학원 선생님들만의 문제가 아니다. 유학생들 역시 유학비자가 허용하지 않는 활동을 '공개적'으로 하고 있다. 대표적으로 아르바이트가 있다. 이 부분은 뒤에서 부연하겠지만 이들의 불법행위는 발각되어도 처벌로 이어지기 어렵다. 중국유학생회와 중국대사관에서 문제 해결에 적극 나서기 때문이다.

서구와 다르게 국내 공자학원이 다양한 형태의 인지전을 펼치는 것도 큰 문제다. 23개소 가운데 15개소가 지방에 흩어져 있는 데서 이를 감지할 수 있다. 지방대학 공자학원은 인지전에 더욱 적극적으로 투입되고 있다. 지방 정부와 관련 기관을 통해 중국의 영향력을 수도권 이외의 지역으로 확산하기 위함이다.

세계 대부분의 지방 정부는 지방 경제 활성화를 위해 적극적으로 투자 유치에 나선다. 여기서 중국이 공자학원을 매개로 전 세계 국가의 지방으로 진출할 수 있는 전략 공식이 수립된다. 공자학원을 통해 지방대학은 중국 유학생을 유치할 수 있다. 수학 중인 중국 유학생들은 공자학원의 존재만으로도 편안함을 느끼게 된다. 중국 정부가 '보살펴 준다'는 인상이 공자학원에 투영되어 있기 때문이다.

이런 의미에서 지방 대학에게 공자학원은 중국과의 교두보이다. 공자학원을 통해 유입된 중국 유학생은 지방 대학에게 정원 외적인 수익을 올릴 수 있는 귀중한 재원이자 자산이다. 공자학원은 중국 내에 자교를 홍보하는 데도 무척이나 유용하다. 지방 대학이 얻을 수 있는 이점을 중국 정부 당국이 모를 리 없다. 이 과정에서 중국 정부 당국 역시 나름의 이득을 요구한다. 세상에 '공짜 밥'은 없는 법이다. 그러나 이 지점에서 중국은 인지전을 발동한다. 즉, 지방 정부의 투자 희망과 지방 대학의 중국 유학생 유치 염원을 이용하여, 지방에 친중 의식을 널리 확산시키려는 것이다.

6-6 공자학원 영향력 공작, 지방공무원 연수로 선전

공자학원을 통한 중국의 인지전은 우리나라 지방 정부와의 '우호 관계' 정립과 발전을 빌미 삼아 전개되고 있다. 우리가 인지하지 못하는 상황에서 이는 은밀하고 교묘하게 진행 중이다. 공자학원은 특히, 자신들의 인지전과 접목할 수 있는 우리 지방자치단체의 '국제화' 노력을 노린다. 공자학원이 중국 지방자치단체와의 자매결연을 돕고 또 이를 활용할 수 있게끔 협력한다는 데 마다할 지방자치단체는 없을 것이다. 더욱이 공자학원과의 협업을 통해 지방 정부의 일선 공무원이 중국에서 연수 및 답사를 경험할 수 있다면 더더욱 경계하거나 거절할 이유가 없다.

문제는 중국이 공자학원을 매개로 우리 지방 정부의 공무원 연수 기회를 선전 도구로 활용하는 데 있다. 명목은 우리 지방 정부와 중국과의 우호 관계 발전이다. 그리고 '백문이 불여일견(百聞이 不如一見)'이라며 중국 연수의 기회가 제공된다. 중국 연수 참가 대상은 현직 지방 공무원들이 주를 이룬다. 여기에는 당연히 교육 교사들까지 포함된다. 문제의 심각성이 대두되는 대목이다.

공자학원이 교육기관인 만큼 교육자를 대상으로 교수법에서부터 중국 연수에까지 다양한 학술 교류 프로그램이 운영된다. 여기에 참여하는 우리 측 교사들의 면면도 다양하다. 현재 재직중인 초중고 교사, 교감, 교장, 그리고 지방 교육청 직원과 관계자까지 중국 측이 제공하는 프로그램에 참석한다. 공자학원이 교육 교류를 명분으로 대한민국 교육공무원에 영향력을 발휘할 수 있는 여건이 조성되는 것이다. 이는 역으로, 우리의 교육공무원이 중국의 영향력 위험에 쉽게 노출된다는 의미다(〈표 1〉 참조).

지방 대학에 개소한 공자학원은 지방 차원에서 중국의 도시, 기업, 교육 기관과 사업을 연결하는 역할도 수행한다(〈표 2〉 참조).

표 1 **국내 대학 교직원, 지방 교육공무원의 중국 연수 지원 대표 사례**

시작 연도	소재 공자학원	대상 교육공무원	사업 제목	중국 연수 지역(기관)
2015	원광대	교내 교직원	장가계시 관광 및 해외교포 업무위원회	장가계
2018	강원대	교내 교직원	강원대학 교직원 중국 교육 문화연수	중국 길림 북화대학 (北華大學) 서안건축과학기술대학 (西安建築科技大學)
2017	세명대	충북 중국어 교사	2017년 충청북도 중국어 교사 연수	국내(세명대)
2016	원광대	전북 중국어 강사	전라북도 중국어 강사 연수	국내(원광대)
2017	원광대	익산지역 교장	익산교육지원청 교장단 중국 방문행사	상해, 장사시
2017	호남대	광주광역시 초중등 교육 CEO(교장단)	2017 광주광역시 교육 CEO 중국교육문화연수	중국 장사 및 악양

그리고 국내에서 운영 중인 중국 우호 협회가 국내 지방에 설립된 중국 비즈니스센터, 중국센터 등과 연계해 진행하는 중국 연수프로그램을 지원하는 사업도 전개한다. 해당 프로그램은 지방정부 관련 당국자를 포함해 지방주민들까지 지원한다.

표 2 **공자학원의 지방 도시, 기업, 교육기관 사업 협력 중재 대표 사례**

협약 체결 연도	공자학원 소재 대학	중국협력 기관	사업명 및 내용
2014	안동대	-	안동시 청소년중국어교육센터
2014	안동대	중국사회과학원	한중유교문화연구센터
2018	안동대	북경어언대학 공자학원 교사 연수센터	우수 중국어 강사 연수
2019	안동대	상하이 3개 기업 - 芯地商貿有限公司 -上海建和恩国际贸易有限公司 -爱告微信营销研究所	학생 인턴십 및 현장실습 지원 안동지역 기업 중국 진출
2016	원광대	호남성 국가산업단지 유양경제기술개발구	2016 WINNER LINC 글로벌 산학교류회
2015	호남대	광주광역시 차이나센터 (中國友好中心) (전신: 중국과 친해지기지원센터)	한중 미래 우호 세력 양성 중국유학생회 회장단 교류간담회 중국과 친해지기 정책 추진계획 사업

표 3 **국내 학생 교류 대표적 연수 사례**

시작 연도	소재 공자학원	연수 제목	중국 방문 지역
2014	안동대	추로지향(鄒魯之香) 교육CEO 중국문화연수	산동
2014	원광대	한중의약협력 플랫폼	후남중의학대
2023	원광대	대학생활과 자기혁신 (방문형체험학습, 교양필수 과목)	미정
2016	호남대	교육 CEO 중국교육문화연수	미확인

공자학원이 우리 지방자치단체를 중국 측과 연계하려는 노력을 개원과 함께 진행해 온 사실도 주목해야 할 부분이다. 2017년 3월에 개설된 제주대 상무공자학원은 그해 12월 제주해양경찰서와 업무협약을 체결했다. 호남대는 개원 이후 광주시청교육청과 중국의 후난성 교육청, 그리고 서안시 교육청과의 자매결연을 각각 알선했다.

호남대 공자학원의 경우, 광주시가 중국과 교류하는 데 적지 않은 공을 세웠다. 호남대 공자학원은 2006년에 개소한 이후 2010년부터 지방자치단체와 지방 공무원을 중국과 연계하는 사업을 적극적으로 추진했다. 당시 호남대 공자학원장은 지역 언론사와의 인터뷰에서 "교류의 범위도 학교에만 머물지 않고, 정부기관이나 공공기관끼리의 교류까지도 확대될 수 있도록 저희 공자아카데미가 그 중개자 역할을 톡톡히 해내고자 합니다."라며 포부와 결의를 밝혔다. 이들의 의지는 즉각 실천으로 옮겨졌다.

2010년 5월, 중국 후난성 공안청장 리쟝(李江)은 호남대 공자학원을 방문하면서 호남대와의 교류협력 방안을 논의했다. 특히 호남대 경찰학과 학생들의 후난성 공안청 방문에 대한 의견을 교환하였는데, 이는 이후 실질적 방문으로 이어졌다. 6월에는 호남대 관계자가 후난성 공안대학을 방문하여 본교 경찰행정학과 생의 공안대학 실습 파견 건을 논의했다. 공자학원의 주선과 협력으로 한중 양국의 지방 단체 사이에 교류의 물꼬가 트이자, 7월 초 광주지방경찰청은 "광주지방경찰청과 중국 후난성 공안청 간의 교류활성화에 지대한 역할"을 했다며 호남대 공자학원에 감사패를 수여했다. 그리고 이듬해인 2011년 9월에 이르러 광주지방경찰청과 호남대 공자학원은 중국어 회화교육 관련 업무협약을 체결했다. 이와 더불어 공자학원은 광주경찰청에 원어민 교사를 파견하는 데도 동의했다. 우리나라 경찰기구에 중국인의 입출입이 자유로워지는 순간이다.

2015년 4월 23일에 광주지방경찰청은 후난성 공안청 대표단(단장: 탕상룽湯向榮 부청장)을 초청하여 4박 5일 동안 광주경찰청 IT기반 치안시스템을 소개하는 등 교류 연수를 진행했다. 대표단은 광주경찰특공대, 112종합치안상황실, 시뮬레이션 사격장과 수완지구대 등을 방문하고 시설 및 장비를 견학했다. 중국 연수단의 방문 기간 중 호남대는 탕상룽 부청장을 명예교수로 위촉하기까지 했다.

공자학원은 우리 미래세대를 향해서도 인지전을 적극 전개하고 있다. 우리나라 중등교육기관을 중국 측에 소개하고 나아가 우호적인 관계를 형성하는 데 앞장서고 있다. 제주대 상무공자학원은 2017년 4월에 제주 중앙고와 중국어 교육지원 업무협약을 맺었다. 호남대 역시 개원 이후 중등교육기관과의 자매결연에 적극 뛰어들었다. 광주 송원초와 중국 후난민족직업대 부속초, 광주 염주초와 중국 산둥성의 제남사대부속초, 전남중과 중국 지린성의 금주시 제18중 등이 호남대 공자학원의 주선과 협력 아래 우호 교류 협력사업을 약속했다.

2015년 4월, 호남대와 광주광역시는 호남대 공자학원에 "중국과 친해지기 지원센터"를 공동으로 개소한다. 해당 개소식에는 호남대 총장, 광주광역시장, 왕시엔민(王憲民) 주광주총영사 등 200여 명이 참석했다. 2017년 11월, 해당 센터는 "광주광역시 차이나센터(中國友好中心)"로 이름을 바꾸고 또 한 번의 개소식을 가졌다. 당시 자리에는 광주광역시 시장과 추궈훙(邱國洪) 주한 중국대사, 쑨시엔위(孫顯宇) 주광주총영사 등이 참석했다. 센터의 운영과 재원 등은 광주시가, 각종 도서와 자료 등 콘텐츠는 중국 측이, 운영 위탁은 호남대가 담당했다. 해당 센터는 한국에서 유일하게 (지방) '정부가' 설립한 대중 우호 기관이었다.

이렇듯 공자학원의 활동 범주와 성격은 교육기관을 초월하고 있다. 이들의 활동 반경이 확대될수록 우리 내부에서는 그들의 활동과 목적을 두고 의구심을 품는 분위기가 점차 일어나기 시작했다. 이에 우리 국민의 의심을 해소하고 공자학원을 변호하기 위한 외교적 노력으로서 2022년 12월, '한국공자아카데미연합회 원장 포럼(韓國孔子學院聯席會會議及院長論壇)'이 개최되었다. 호남대에서 개최된 이번 포럼에는 싱하이밍(邢海明) 주한중국대사, 장청강(張承剛) 주광주중국총영사, 아이훙거(艾宏歌) 주한중국대사관 공사, 한국공자아카데미연합회장 등 국내 공자아카데미와 주한중국대사관, 주광주총영사관 관계자 등 60여 명이 참석했다.

이 자리에서 싱하이밍 대사는 "최근 몇 년간 다른 목적이 있는 일부 사람들이 공자아카데미의 체면을 훼손시키고 실상을 잘 모르는 한국 국민들에게 공자아카데미에 대한 오해를 일으켰다. 포럼에 참석한 모든 원장들이 양국이 협력해 공자아카데미를 함께 설립한 초심을 지키며 중한 우호 관계 발전의 사명을 견지

해주길 바라고, 이번 포럼을 계기로 여러 잡음과 방해, 의심과 도발에 맞서 어려움을 극복하며 부단히 나아가길 바란다,"고 당부했다. 이는 중국 측이 국내 여론 비판과 우려를 의식하는 방증이라 할 수 있다.

7장

중국의 통일전선, 한국에서 재활용

7-1 농촌에서 시작해 도시를 포위

인구학적으로나 화교 사회의 특징으로나 다른 나라와 차별성을 가진 우리나라에 대하여 중국은 독특한 전략을 가지고 영향력 공작에 나선다. 특히 한반도 분단이 만든 독특한 사회인구학적 특성과 쉽게 양분화되어 버리는 경향이 깃든 우리 사회의 성질을 이용하는 것이 특징이다. 주류사회에 직접 침투하기 힘든 중국은 지역주의에 기반한 우리의 정당정치를 교묘하게 이용하고 활용하고 파고든다. 정당은 특정 지역에 자신의 정치적 기반을 둔다는 우리의 정치 현실은, 아이러니하게도 중국공산당이 과거 통일전선 전략을 펼쳤을 때의 기법을 재활용할 수 있도록 돕는다.

중국공산당의 통일전선 전략 전술 중 하나는 농촌에서부터 도시를 포위해 나가는 것이다. 농촌과 지방에 공산주의를 확산시

커 공산화를 이룩한 뒤 도시를 장악하려는 속셈이다. 해당 전술은 중국공산당이 창당되고 1920년대에 채택되었다. 소련공산당에서 파견 나온 자문관들과 중국공산당 사이에 발생한 정치적 갈등이 발단이었다. 당시 중국은 근대화 과정을 겪기 전이라 산업화에서 주로 나타나는 노동자 계층이 아직 미숙한 시기였고, 대신 농민이 인구 대다수를 점하고 있었다.

마오쩌둥은 당시 중국의 현실을 감안하여 농촌에서 농민을 중심으로 공산혁명을 일으켜 도시에 진입한 뒤, 도시의 자본가, 기업인 등이 포함된 지배계층을 눌러야 한다고 생각했다. 도시의 소수인 노동자와 지방에서 올라온 농민이 결탁해 공산혁명을 이끌어가는 게 중국의 실정에 맞는 전략이라고 생각한 것이다. 그러나 소련공산당은 도시 내 프롤레타리아, 즉 노동자와 피지배계급을 중심으로 공산혁명을 일으켜 부르주아 계층을 몰아내고 정권을 장악하는 공산혁명 전략을 선호했다. 어떤 전술로 공산혁명을 이룩할지, 선택의 기로에서 마오와 소련공산당 자문관들 사이에 갈등은 불가피했다.

마오는 소신과 신념을 가지고 중국의 상황에 부합하는 전술을 밀고 나갔다. 그리고 그 전략은 현재까지도 한국에 대한 중국의 영향력 공작에 효능과 효과를 불어넣고 있다. 중국 초한전의 일부 전략이 우리나라 지방을 중심으로 전개되고 있다는 뜻이다. 풀뿌리 민주주의 약한 뿌리, 극단적인 정당정치의 지배구조, 그리고 그 지지 세력의 분포 특색 등을 중국은 영향력 공작에 적극 활용한다.

우연하게도 중국의 전략이 특히 돋보이는 것은 우리나라의 지자체의 허술함을 파고 드는 것이다. 우리의 풀뿌리 민주주의는 존재하되 그 뿌리가 약하다. 다시 말해, 중앙정부에 대한 의존도가 높아 지자체 단체를 독립·자율적으로 운영하기 어렵다. 때문에 외국의 투자 유치 의향이나 사업 제안이 있으면 쉽게 현혹되어 저들의 '노림수'에 노출되어 버리기 십상이다. 지역주의가 만연한 우리 나라 정당정치의 구조적 특징을 중국이 공략하고 있다는 문제를 지적하고 싶은 것이다. 그리고 중국의 이런 전략이 퍽 효과를 내고 있다는 사실에 경각심을 불러일으키고 싶은 것이다.

그 누구보다 우리의 엘리트가 이 비극에 눈을 뜨고 주목해야 한다. 자성하고 성찰해야 한다. 우리 국민 대부분은 이들과 반대로 중국을 인식하고 이해한다. 즉, 엘리트들이 중국에 대한 '환상'에 사로잡혀 저자세 외교를 취하고 안주할 때, 국민은 그것에 반(反)하는 선택을 주문한다. 국회의원들은 스스로가 국민을 대표하여, '국민의, 국민에 의한, 국민을 위한' 행보에 나선다고 자부한다. 청문회든 국정 감사든 대정부 질문이든, 모든 때마다 저들은 국민이 두렵지 않냐고 서로에게 호통을 친다. 하지만 정작 중국 영향력 문제와 대중국 외교 현안에 직면하였을 때 저들은 국민을 두려워하지 않는다. 국익을 매도하다 못해 중국에 '잘 보이려고' 열심히 노력한다. 나라[國]를 직업으로 둔 저들의 이율배반적이고 이중적인 모습에 개탄하는 건 절대 필자만은 아닐 것이다.

의사결정자 역시 마찬가지다. 역대 정부, 진보든 보수든 모두

가 유사한 길을 걸었다. 모두가 중국 '환상'에 갇혀 '중국 포비아'에 매몰되었다. 당당한 외교를 요구하는 우리 국민의 자존심과 자긍심은 안중에도 없는 외교 행보가 이어져 왔다. 혹자는 정부에서 일을 하다 보면 국익을 고려하여 현실과 타협하는 일이 생기기도 한다고 반론할 수 있다. 그러나 문제점은 우리의 국익을 저들 스스로가 명확하게 정의 내리지도, 규정하지도 못하는 현실에 있다. 우리의 국익이 무엇인지, 우리가 중국에서 추구하는 국익이 무엇인지, 저들 중 그 누구도 명쾌히 답안을 제시하지 못하고 있다.

다만 저자가 주장하듯 이들은 한반도 통일, 북한 비핵화, 중국에서의 경제적 이익 등을 우리가 추구하는 '국익'으로 제시한다. 국민이 수긍할 만한 대답이다. 그러나 문제는 이런 명분과 이유로 중국을 자극하면 안 된다는 강박 관념에 자신을 침잠시키는 데 있다. 행여나 우리의 '국익'을 추구하는 과정에서 지나치게 강한 주장을 펼침으로써 혹은 다른 나라와 과도하게 밀착하여 중국을 압박하는 형세가 됨으로써, 중국의 비위를 건드리게 될까, 걱정하고 두려워한다. 이렇듯 유독 중국을 과민하게 의식하는 습관은 중국에 대한 저자세 외교의 고착화로 이어진다. 그 사례를 우리는 제2장에서 이미 수없이 목도했다.

이러한 맥락에서 중국의 영향력 공작은 절반의 성공은 거둔 셈이다. 우리의 중앙 정치 지도자 목에 중국에 대한 환상과 포비아의 족쇄를 거는 데 성공하였기 때문이다. 우리 사회의 주요 지도계층들이 중국을 향한 '환상가(歌)'를 이구동성으로 합창하는 사이, 중국은 성공적으로 공포심까지 배양해냈다. 중국은 2016년 사드 제재의 효과를 톡톡히 보고 있다. 그 결과로 우리 사회 주요 지도자들 사이에 중국을 선제적으로 의식해야 한다는 악습관이 자라나기 시작했다. 저들이 중국 포비아를 가지게 된 데에는 한국 사회 고유의 이유도 있었다. 한반도 분단은 정당정치가 특정 지역, 특정 세력과 연대하는 토양을 제공했다. 그리고 사드 제재는 중국 포비아가 자생할 수 있는 자양분이 되었다.

중국이 영향력 공작 임무를 완수하는 데 남은 과제는 하나다. 대중 비호감이 강한 우리 국민까지 정복하는 것이다. 이는 중국이 넘어야 할 가장 큰 산이다. 우리 국민마저 포섭하면 중국은 영향력 공작을 지속할 수 있는 환경을 가질 수 있게 된다. 이는 매우 어렵지만 또 중국이 그토록 바라던 바다. 이를 위해 중국이 구사 중인 전략은 다음과 같다. 우선 우리 정당정치의 구조적 특징과 지역주의를 활용해 특정 지역 주민과 특정 정당의 지지 세력을 공략한다. 이렇게 되면 교류하는 정당의 지지 세력과 그 정당이 기반하는 지역의 주민을 더 수월하고 효율적으로 공작할 수 있게 된다.

두 번째 전략은 SNS와 가상세계에서 국민을 공략하는 것이다. 구체적 방법으로 가짜뉴스와 허위 정보의 유포 등이 가장 빈번하고 유용하게 관찰된다. 여기에 중국은 댓글 부대를 동원해 자극적인 댓글을 게재함으로써 우리 국민을 정서적·감정적으로 공략한다. 이러한 전략은 객관적으로 입증하기 어렵다. 정황 증거만이 존재할 뿐, 직접 근거를 제시하기가 거의 불가능한 탓이다. 그래서 아쉽지만 본 서(書)에서는 다루지 않는다.

마지막은 우리 사회의 주요 계층과 국민 사이를 이간질하는 전략이다. 다시 말해 우리 국민을 공략하는 것이다. 앞서 언급했듯 가상과 현실을 넘나들면서 다양한 수단을 활용해 우리 국민을 공략하는 게 주된 내용이다. 사실에 기반한 정보를 유출하든, 허위 혹은 가짜 정보를 유포하든, 중국은 우리 국민을 '친중'으로 전환해야 한다. 특히 중국은 한국의 정당과 사회 주류 계층이 국익을 방패 삼으면서 중국 포비아에 갇혀 중국 환상가를 복창하는 행태가 국민을 설득하는 데 도움이 되길 원한다.

그나마 다행스러운 것은 우리 국민의 중국에 대한 호감도가 정당 및 사회 지도자들과 비례하지 않는다는 사실이다. 하지만 동시에 이는 중국이 우리나라에 영향력 공작을 지속해야만 하는 빌미가 되고 있다. 중국에 대한 국민의 낮은 호감도는 정당과 사회지도층이 국민을 설득하지 못하는 장벽으로 작용하기 때문이다. 이런 이유로 중국은 중국에 대한 우리 국민의 호감도를 제고하려는 노력을 나름 두 가지 차원에서 전개 중이다. 앞서 보았던 공공외교나 인문 교류, 인적 교류를 통한 공개적 영향력 공작, 그리고 허위 정보나 가짜뉴스 유포, 그리고 댓글공작을 이용한 은밀한 공작이 그들이다.

7-2 지도층의 중국 중요성 과장

한국의 지도계층은 국민과 국익을 이유로 한중 관계의 중요성을 과장하거나 맹신하는 측면이 있다. 그렇다고 중국과의 관계가 중요하지 않다는 것은 아니다. 중국과 우호적인 관계를 유지해야만 하는 당위적 목적으로 우리 국민과 국가이익을 내세우며 호도하고 있는 것이 안타깝다는 뜻이다. 이런 지도계층의 자세와 태도는 일방적이고 단면적인 동시에 단편적이며 일차원적인 측면이 있다. 국민에게는 호언장담하면서 중국 앞에서는 위축되는 지도계층의 태도에 의아함과 당혹감을 감출 수 없다.

우리의 사회 지도계층은 국익을 말하면서, '마치 국민은 아무것도 모른다'는 식으로 중국 외교를 펼치는 것처럼 인식된다. 국민이 바라는 중국과의 민감한 문제를 해결하겠다고 나서는 한편 국민은 개선장군을 맞이할 준비를 하라고 호통치는 것만 같아 안타깝다. 그럼에도 결과는 주지하듯 무엇 하나 올바르게 해결된 것이 없다. 지난 20여 년 동안 국민을 괴롭힌 미세먼지 문제에서부터 최근까지 겪고 있는 중국의 사드 제재 이슈까지 그렇다. 지도층의 호언장담에 국민은 늘 응원과 박수를 보내왔다. 그러나 돌아오는 건 늘 실망스러운 결과다.

정치인, 의사결정자, 정치 지도자들이 한결같이 국민이 바라는 방향으로 문제를 잘 풀어내지 못하는 이유는 무엇일까? 늘 같은 레퍼토리에 국민은 지도층에 대해 책임감은 있는지, 의문스러울 따름이다. 지도층은 중국과 문제를 해결하겠다며 다양한 채널을 통해 논의와 협상, 협의에 나섰지만 결과는 매번 뻔했다. 시종 공수래공수거(空手來空手去) 하는 곡절은 무엇일까? 국익을 위한다며 문제 해결을 유보하는 모순은 왜 생겨나는 것인가?

이런 문제점을 오랜 시간 관찰하고 연구해 온 학자로서의 결론은 의외로 간단하다. 우리 사회 지도층은 중국을 너무 쉽게 생각하는 경향이 있다. 스스로 중국을 잘 안다며, 중국통임을 자처하는 지점에서부터 문제점은 출발한다. 우리나라 지도층 인사들 대부분은 각자의 사회적 경험을 바탕으로 전문가라는 인식이 만연해 있는 것 같다. 이들 중 대부분은 미국 방문과 교류 경험을 풍부하게 갖췄기에 미국통으로 생각하는 경향도 있다. 이들 중 다수는 중국과도 빈번한 방문과 교류한 경험으로 중국통이라고도 여긴다. 중국 인맥이 있고, 관련 책을 많이 읽었고, 협력도 여러 번 해보았다는 것이다. 그런데 왜 중국과 얽힌 문제의 해결은 제대로 하지 못하는 것인지 국민은 여전히 의아하다. 자칭 중국통이라면 여기에 대해 답할 수 있어야 한다.

중국은 매우 큰 국가다. 상호협력 구조도 매우 복잡하다. 협력 자체가 매우 까다로운 나라다. 우리와 이념이 다른 사회, 정치, 경제 체제를 가진 나라이다. 의사결정 과정은 매우 까다롭다. 이런 중국을 전면적, 전방위적으로 심도 있게 이해하는 것은 중국을 연구하는 학자들에게도 벅차다. 중국의 이해는 중국 연구자에게도 '인생의 과제'이다. '중국의 누구를 안다, 최근 베스트셀러 몇 권 읽었다, 중국 전문가들이 참여하는 회의에 참석했다, 중국을 몇 번 방문 했다' 등의 경험담으로는 어림도 없다. 중국통이 되는 길은 매우 어렵다는 뜻이다. 중국에 대해 보다 겸허하고 겸손한 자세를 가지지 않으면 그 결과는 수모로 이어지기 십상이다. 대국 외교가 매우 어려운 이유이기도 하다.

미세먼지의 경우 우리나라 국민의 70% 이상이 중국과 해결 방법을 찾기를 희망하고 있다.[19] 국민의 의식에 자리 잡은 '황사와 미세먼지'의 근원지는 중국이기 때문이다. 황사는 고비사막으로부터 불어오는 까닭에 중국발, 몽골발이라는 국민의 관념은 옳다. 그러나 미세먼지의 발원지가 중국이라는 인식은 잘못된 것으로 과학이 판단했다. 우리 정부도 과학적 근거를 들어 국민에 여러 차례 설명과 설득을 시도했다. 그럼에도 국민은 중국에 책임을 전가한다. 중국이 곧 미세먼지라는 인식이 국민의 뇌리에 새겨져 있기 때문이다.

이런 국민의 주장이 전적으로 틀린 것은 아니다. 몇 차례 해외 기관과 국제공동조사를 진행한 결과, 이는 입증되고 있다. 우리나라에 유입되는 미세먼지 중 최소 30% 이상이 중국에서 넘어오는 것으로 추정되었다.[20] 국민이 바라는 것은 바로 이 30%에 대한 해결이다. 국내에서 발원되는 미세먼지는 우리 정부가 감축해 나갈 것이라고 믿으면서 말이다. 결국 국민은 미세먼지 문제가 완전히 해소되지 않는 이유가 중국 때문이라는 확신을 유지하고 있다. 따라서 중국과 미세먼지 문제를 적극적으로 해결할 것을 요구한다.[21]

문제는 미세먼지 문제가 간헐적으로 한중 양국의 현안 의제로 상정되는 사실에 있다. 국민의 불만은 바로 이 지점이다. 국민

---

19 "국민 75% "중국과 마찰 있어도 미세먼지 해결 요구해야"," 『JTBC 뉴스』, 2019년 11월 17일.

20 "'중국 요인이 유일한 미세먼지 원인 아니다'란 '문재인 청와대'," 『월간조선 뉴스룸』, 2021년 11월 21일.

21 주원, "미세먼지에 대한 국민의식 조사," 『경제주평』, (서울: 현대경제연구원, 2019), p. 5.

은 정부가 이 문제를 중국에 일관되게, 연속성과 지속성을 가지고 해결하는 방법을 찾기를 원한다. 그래야만 뿌연 미세먼지 해결의 빛이라도 볼 수 있는 까닭이다. 한중 양국 고위급 회담에서 그나마 유일하게 지속적으로 개최되어 온 회담이 환경회담이다. 하지만 국민이 피부로 느낄 정도의 진전은 없어 답답하기만 하다. 우리 환경 당국이 미세먼지 감축의 노력을 아끼지 않는 것도 사실이다. 그럼에도 불구하고, 우리의 공기 환경의 질이 뚜렷하게 개선되지 않고 있다. 정부의 노력을 인정하지 않는 안타까운 현실이 계속해서 반복되고 있다.

'불법조업' 문제도 같은 시각이다. 우리 어민들은 중국 불법조업 문제의 심각성을 그 누구보다도 잘 알고 있다. 중국 어선들이 스크럼을 짜고 우리의 잠정조치수역과 배타적경제수역에 무단 진입하여 한국의 어자원 생태계와 환경을 파괴하는 것을 가까이서 눈으로 보고 있기 때문이다. 우리의 해양 경찰(해경) 역시 사태의 심각성을 알고 있다. 해경이 그동안 수십만(매년 2~3만) 척의 중국 어선, 그것도 민병화한 중국 어선을 감시하고 추적하거나 퇴격하고 나포하는 것은 물리적으로 자원이 모자라는 것도 사실이다. 이런 현실을 우리 어민과 해경 당국은 수없이 지적해 왔다. 그러나 오늘날까지 문제가 근본적으로 해결되지 않고 있어 어민의 하소연은 늘어만 가고 있다. 해경의 피로도 또한 높아지고 있다.

우리 정부의 대응책은 두 가지로 요약할 수 있다. 해경선을 늘리는 것, 그리고 한중 불법조업 방지 협력을 제도화하는 것이다.

해경선 증가가 가시적인 성과를 보인 것은 사실이다. 불과 십수 년 전 만 해도 우리 해경선은 턱없이 부족했다. 그러나 이제는 우리의 해역을 순찰하고 보호할 수 있는 수준의 역량을 갖추었다. 하지만 해경선은 더 늘어나야 하고 인원도 확충되어야 한다. 그래야만 365일, 24시간 해경이 우리의 해안 경비를 철두철미하게 보호할 수 있다.

한중 양국 간의 불법조업 방지 협력은 지속되지 않는 것이 문제다. 2010년대에 한중 양국은 어민에게 불법조업의 부당함에 대해 계도하고 행정적으로 통제하는 방안에 합의했다. 이후 중국 측 역시 단기간이지만 연안 도시와 항구를 순회하며 의무와 책임을 다하는 모습을 보였다. 그러나 중국의 태도는 지속되지 않았다. 중국뿐만 아니었다. 해당 문제에 대한 양국 정부의 관심도 어느 시점에서부터 느슨해져 버렸다.

이런 계도성과 홍보성 방지 노력은 지방정부가 솔선수범하며 나서야 한다. 그렇지 않으면 중국의 통치체제 특성상, 지방정부보다도 중앙정부의 관심이 더 쉽고 빠르게 휘발되어 버린다. 중국 중앙정부의 관심이 퇴색되었다는 것은 이 문제에 지속적인 관심을 가질 수 있는 동력이 사라졌다는 뜻이기도 하다. 따라서 우리 정부 당국은 미세먼지와 마찬가지로 이 문제를 끊임없이 협상테이블에 올려놓아야 한다. 정상회담을 비롯하여 모든 고위급 회담과 실무회담에서 이런 쟁점을 꺼내서 지적하고 토론을 지속적으로 해야 한다.

사드 제재의 경우, 한국의 지도층은 이를 해결하기 위한 자구

책을 강구하는 한편 나름의 외교적 노력을 시도하였다. 그러나 이 또한 무위로 돌아갔다. 중국 연구자의 입장에서 보면, 오히려 자명한 결과이다. 중국에 사대를 하러 떠나는 모습으로 비치는 전람의 기회를 제공하는 듯했다. 이들의 연행(燕行)이 매우 무모한 선택으로 보였다는 뜻이다. 무엇보다 사전 준비가 턱없이 부족했다. 또 중국을 설득할 수 있는 해법을 준비하지 못했다. 문제의 본질을 제대로 파악하지 못한 것이다.

7-3 지도층의 사대주의 행보

중국은 중국공산당이 통치하는 일당 집권 체제의 나라다. 중국공산당은 모든 정치·외교적 사안을 결정하는 막강한 권한을 가지고 있다. 따라서 사드 제재 또한 중국공산당이 최종적으로 결정하고, 정부는 충실히 이행하는 방식으로 진행된다. 따라서 중국 정부와 사드 제재 협의와 해결은 기대할 수 없다. 사실상 해결 방법이 나오지 않는다는 뜻이다.

그럼에도 한국은 중국 정부 부처나 중국 전문가를 찾아가 이 문제의 해결을 촉구했다. 문제 해결을 위한 접근 방식이 어불성설이었던 셈이다. 최소한 중국공산당의 의사결정에 참여하는 인사와 협의해야 공산당 내부에 우리의 의사가 전달될 가능성이 있다. 물론 이 또한 고위급 당 간부와 만났을 때나 가능한 것이다. 하위 당 간부를 만나면 당 내부에 우리의 의사가 전달될 가능성이 지극히 낮은 편이다. 하지만 현실적으로 우리 사회 지도층이 중국공산당 내 고위급 수준의 인사를 만날 가능성은 매우 낮다. 특정 현안으로 한국의 지도계층이 중국공산당의 고위 간부와 접선한 사례는 지금까지 거의 없기 때문이다. 경제 현안으로는 만나서 협의한 선례는 있다. 그러나 사드와 같은 군사 안보 현안을 가지고 만남이 이루어진 적은 사실상 없다고 해도 과언이 아니다.

사드 제재 문제 해결을 위해 우리가 중국공산당의 고위 간부와 대면할 유일한 기회는 사실상 한중 양국 최고 지도자 간의 회담뿐이다. 중국공산당 총서기를 겸하는 국가주석 또는 공산당 중앙정치국 상무위원회 위원(총리, 전국인민대표자대회 상무위원장, 전국인민정치협상회의 주석, 중앙기율검사위 서기 등) 중 한 명이면 된다. 그러나 총리나 전국인민대표자대회 위원장, 전국인민정치협상회의 주석, 중앙기율검사위 서기 등은 군사 안보 관련의 문제를 협의할 권한을 가지고 있지 않다. 우리의 의사를 경청하고 공산당 지도부에 전달할 수는 있지만, 문제 해결책을 기대하기는 어렵다는 뜻이다. 결과적으로 정상회담에서만 우리의 입장을 피력해야 하는 구조적인 문제에 봉착하게 된다.

안타깝게도 사드 제재 문제의 해결을 위한 우리의 노력은 정상회담에서도 부족했던 듯싶다. 여전히 해결되지 않고 있으니 말이다. 중국이 사드 배치에 완강하고 강경한 반대를 주장하고 있어, 이를 제안할 수 없는 상황이 연출되었을 것으로 보인다. 하지만 우리는 중국이 사드 배치 문제에 왜 그렇게 강경한 태도를 고수하는지 본질을 찾아내야 한다.

사드 문제의 본질은 중국 측 입장문인 이른바 '사드3불'에서 찾아볼 수 있다. 중국은 사드 추가 배치, 미국의 미사일방어시스템(MD) 편입과 한미일 군사동맹 등에 반대한다는 입장을 분명히 했다. 사드 추가 배치 반대 입장은 우리의 안보 주권에 반하는 어불성설의 요구다. 미국의 미사일방어시스템 편입에 반대하는 것 또한 황당한 요구다. 사드 운영은 미국의 정찰·위성·시스템에 의존할 수밖에 없는 구조이다. 미국의 미사일방어시스템에 필연적으로 가입할 수밖에 없다는 의미이다.

중국이 이같은 한국의 입장을 모르는 것은 아니다. 중국은 2016년부터 '사드 방식'의 미사일방어시스템을 자체적으로 개발한 후, 2018년부터는 전력 배치를 위한 실험을 진행 중이다. 그리고 높은 성공률을 자부하고 있다. 이밖에 중국은 2000년대 초부터 다른 유형의 미사일방어시스템 개발에 착수했다. 중국은 우리가 배치한 사드의 기술적인 사양, 기능과 특성을 잘 알고 있다. 방어용이라는 사실마저도 중국은 알고 있다.

중국이 사드 배치의 파장으로 제일 우려하는 것은 한미일 3국 관계가 동맹관계로 발전하는 것이다. 중국은 미사일방어시스템을 매개로 한미일 3국의 군사 관계가 밀착되는 것을 걱정한다. 우선, 중국은 미국보다 일본을 제일 두려워한다. 중국은 역사적으로 청일전쟁, 항일전쟁, 일본의 식민지 지배 등을 경험했다. 청나라 이후 중국이 러시아(구소련)와 공식적으로 체결한 3개의 군사동맹조약 내용을 보면, 모두 일본을 겨냥했다. 3차례 조약의 제1조는 한결같이 일본을 대상으로 한다는 점을 적시했다. 그만큼 중국은 일본을 두려워한다. 이런 상황에서 중국 주변 지역에 있는 한국이 미국과 더불어 일본과 군사 관계를 강화하는 것은 중국의 역린(逆鱗)은 물론 아킬레스건을 건드리는 것과 마찬가지이다.

중국은 또한 사드 배치 결과로 한미일 군사적 강화가 일본의 '정상 국가화', '군국주의의 부활' 또는 일본의 군사력 강화에 빌미를 줄 수 있다는 점을 상당히 우려한다. 일본이 이런 호기를 수수방관할 리 만무하다는 중국의 전략적 불신 또한 중국의 우려를 증폭시킨다. 중국은 일본이 군사적으로 정상 국가가 되는 것을 심각하게 우려한다. 여기에 한국이 일등 공신이 된다는 점역시 중국은 불쾌한 것이다. 제1도련선 내에서 한국의 지정학적 전략 위치가 눈엣가시인데 한국이 일본과 군사 관계가 강화되는 것은 중국에 치명타가 된다는 분석이 설득력을 가진다.

이런 전략적 우려가 중국이 보는 사드 문제의 본질이다. 이를 우리는 역이용하고 공략해야 한다. 이것이 곧 대중국 레버리지(지렛대)가 되기 때문이다. 한국은 중국에 한미일 군사 관계 강화는 중국의 군사적 부상과 함께 중국의 공세적인 외교 행위에 따른 필연적인 결과임을 가장 먼저 항변해야 한다.

다음으로 중국이 국제규범을 모두 무시하며 우리의 하늘과 바다를 무작위로 무단 침범하고 있고, 외교에서 고압적이고 위압적인 자세로 문제 해결을 기피하고 있다고 지적해야 한다. 중국에 상대적으로 열세인 한국은 국제정치학의 세력 균형 이론에서 주장하듯이, 주변국과 연합, 연대 또는 동맹을 맺을 수밖에 없는 구조적 선택지를 피할 수 없다는 논리를 펼쳐야 한다.

다른 한편으로는 한국도 일본의 군사 대국화나 정상화에 반대한다는 입장을 피력해야 한다. 한국 역시 일본의 식민 통치를 받았다는 공감대를 형성하면서 주장해야 한다. 그러면서 중국이 한미일 3국 군사 관계의 강화를 견인한 게 아니냐고 반문해야 한다. 한미동맹과 한국이 주도하는 것을 선호하는지, 아니면 미일동맹과 일본이 주도하는 것을 선호하는지를 말이다. 앞서 봤듯이 중국은 후자를 반대하는 태도를 고수하고 있다. 이런 선택지를 한국은 중국에 제시해야 한다. 중국도 한국 측 주장을 거부할 수 없을 것이다. 두 가지 선택밖에 없기 때문이다. 아니면 중국은 한국의 바다를 존중해야 한다. 그리고 해상경계선이 힘들다면, 중간선에서부터 배타적경제수역까지의 협상에라도 적극 나서야 한다. 한국의 방공식별구역을 존중하고 준수하는 자세와 성의를 보여야 한다. 그렇지 않으면 한국은 동맹을 확대하고 강화할 수밖에 없다는 전략적 현실을 강력하게 중국 측에 관철시켜야 한다.

그런데 우리 사회 지도계층은 국익을 앞세워 사드 제재 해결을 강력하게 촉구하지 않는 모양새로 일관해 왔다. '중국을 더 자극하면 더 큰 제재를 받을 수 있다'며 국민을 설득하는 흐름도 있어 왔다. 그러면서 중국의 경제 제재로 타격을 입은 한국의 관광업계 손실도 심각한 수준은 아니라며 위로와 위안을 건네기도 했다. 즉, 우리의 대중국 무역 시장 규모에 비해, 한국의 관광업계 손실분은 조족지혈(鳥足之血)이라는 주장이다. 소탐대실할 수밖에 없다는 논리다. 중국 시장에 관한 우리 지도계층의 중국 환상가가 다시금 귓전을 울리는 대목이다.

7-4 중국 교역 프레임에 갇힌 한국

현실은 달랐다. 우리의 대중국 교역 규모와 무역흑자는 사드 제재에도 불구하고 날로 커져만 갔다. 중국 무역 시장에서 우리의 입지는 견고했다는 의미다. 사드 제재 해결을 우리가 촉구해도 '긁어 부스럼을 만드는' 식의 효과는 이미 기대하기 어려운 구조였다. 그럼에도 우리 지도계층은 중국을 자극하면 또 다른 제재가 닥칠 거라며 한국의 국익을 수호하는 방식으로 중국 환상가를 합창했다. 당시 한중 무역 관계를 전면적으로, 전방위적으로 고려하지 않은 결과에서 비롯된 어긋난 논리였다.

한국은 답답하다. 국민은 우리나라 경제에서 중국 시장이 차지하는 지위와 중요성을 잘 알고 있다. 한편 우리 외교가 대중 관계에서 당면한 문제에 대해 현실적 인식을 하고 있다. 국민보다 정확한 판단과 올바른 자세를 가져야 할 사회 지도계층이 오히려 문제였다. 지도층은 국민의 의식 수준에 역행하는 언행으로 한중 관계를 어렵게 만들고 있다. 누구보다 대한민국이 당면한 중국과의 문제를 해결하는 데 앞장서야 할 집단이 경제 프레임과 정치 프레임에 갇혀 전진하지 못하고 있다. 중국 시장에서 우리의 국익과 사드 제재 이슈 이후 중국의 제재 가능성을 과도하게 의식한 결과 '중국 관련 문제에 소극적 자세'라는 입장이 뚜렷하게 형성되었기 때문이다.

이런 문제는 사회 지도계층이 한중 관계를 본질적으로 직시하지 않은 데서 비롯된다. 가령 사드 제재가 있었음에도, 한국의 대중 무역이 흑자를 기록한 사실을 언급하는 연구자는 사실상 없었다. 즉, 누구도 중국의 경제 제재의 효력을 부정하지 않는다. 사회 지도층은 다만 제재의 효력으로 일부 산업계(관광업)가 본손실을 부각했다. 무역흑자는 국익을 생각한 정치적 판단이었다는 논리로 바꿔치기하면서 말이다. 한국 측은 2016년부터 대중 무역흑자가 2018년까지 3년 연속 증가했다며 반론을 제기한다. 연 100억 달러씩 말이다. 2018년 우리의 대중 무역흑자는 556억 달러에 달했다. 이듬해인 2019년을 기점으로 감소하기 시작한 것은 사실이다. 같은 해 대중 무역흑자는 전년 대비 약 50% 감소한 290억 달러를 기록했고, 2020년에는 243억 달러로 16%가량의 감소세를 보였다.

이는 우리의 소비재, 부품, 장비 등 이른바 중간재 수출이 대폭 줄어든 결과였다. 덕분에 대중 무역의 대부분을 차지하는 중간재와 자본재의 흑자 폭은 급감했다. 중간재(80%), 자본재(14%), 그리고 소비재(5%)가 대중 수출에서 차지하는 비중은 예년 수준을 유지하고 있으나 그 흑자 폭은 이미 감소세로 뒤돌아섰다(그림 1 참조). 다시 말해 중국의 제재가 근본 원인은 아니라는 말이다. 〈그림 2〉에서 보듯이 중간재와 소비재 수출은 2019년부터 급락하기 시작했다.

중국은 이처럼 한국 지도계층의 중국에 대한 환상, 무지, 포비아 등을 영향력 공작의 주된 자원으로 활용한다. 중국의 영향력 공작 전술 중 심리전, 인지전, 선전전 등에 최적의 자원이다. 중국은 다양한 접근방식을 구사하는 것이다. 때로는 환대로 환심을 얻고, 때로는 고압적이고 위압적인 엄포로 위축하게 만든다. 환대에 매몰되거나 위축되면 전략적 사고를 할 수 있는 심적 여유와 정신적 공간이 사라지는 효과가 나타나기 때문이다.

그림 1 **대중 수출입 추이와 가공 단계별 대중 수출 추이**

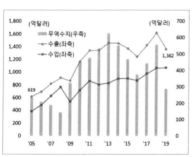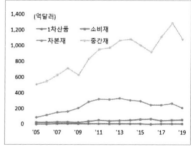

출처: 전보희, 조의윤, "한·중 수교 30년 무역구조 변화와 시사점", 『Trade Focus』, 서울: 한국무역협회 국제무역통상연구원, 2021년 38호, p. 9.

그림 2 **한국의 대(對)중국 중간재 및 소비재 수출입 비중 추이와 한국의 대중 소비재 무역적자 현황**

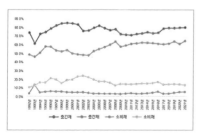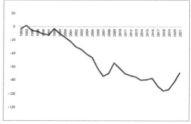

출처: 오세진, "우리나라의 對中 수출 특징 변화", 『Weekly KDB Report』, 2020년 2월 7일, p. 1.

중국의 통일전선 전략은 사회 공간과 계층을 집중 공략한다. 사회적인 공간은 도시와 지방이고, 계층은 사회 지도계층과 일반 국민이다. 계층 간에 틈새가 보이면 집중적으로 타격하는 것이 중국 통일전선의 특징이고 성향이다. 물론 한국에 틈새 '맞춤형' 전략을 구사하는 중이다.

우리 국민 대부분은 전반적으로 중국에 대한 불신이 높고 호감도가 낮다. 더욱이 이런 국민의 절반 이상이 경기도와 인천, 서울 등 수도권에 밀집된 인구학적 구조에서 우리 국민을 공략하는 것은 쉽지 않다. 따라서 인구밀도가 낮은 지방을 공략하는 것은 중국으로서는 안성맞춤이다. 계층의 관점에서도 국민 전반보다, 중국에 대한 환상과 포비아에 빠져든 지도계층에 영향력 공작을 진행하기가 수월하다고 판단할 것이다. 이런 의미에서 중국은 도시보다 지방, 일반 국민보다 사회 지도계층에 대한 영향력 공작에 더욱 공을 들이는지도 모른다.

7-5 반중 정서: 경계와 적대감 강해져

우리 국민의 반중 정서는 특히 대선을 전후로 특히 불타오른다. 그리고 각 정당의 후보자들과 정치인들은 약속이나 한 듯 이를 이슈화·정치화하는 데 온갖 정성을 쏟는다. 하지만 이들은 한 나라에 대한 국민감정과 정서를 정작 제대로 헤아리지 못하고 있다. 2007년부터 서울대학교 통일평화연구원이 우리 국민을 대상으로 진행한 설문 조사를 보면, 우리는 줄곧 중국을 가깝게 느끼지(친밀감) 않았다. 동 설문 조사는 주변국에 대한 국민의 친밀감, 위협감, 한반도 통일이나 한반도 유사시 주변국의 반응 예측 등을 2007년부터 꾸준히 조사했다. 미국, 일본, 중국, 러시아, 북한 등 5개국을 대상으로 한 이 설문은 이들 5개국에 대한 한국인의 인

표1 **가장 가깝게 느껴지는 나라** (단위: %)

	미국	일본	북한	중국	러시아
2007	53.3	11.6	24.0	10.2	0.9
2008	60.7	9.4	20.4	7.8	1.7
2009	68.3	8.6	16.0	6.1	1.0
2010	70.7	9.5	14.8	4.2	0.8
2011	68.8	9.1	16.0	5.3	0.8
2012	65.9	6.8	20.6	5.8	0.9
2013	76.2	5.1	11.0	7.3	0.5
2014	74.9	4.3	8.9	10.3	1.0
2015	78.3	3.9	8.1	8.8	0.9
2016	73.8	5.2	10.8	9.7	0.4
2017	74.1	5.0	11.3	5.0	1.1
2018	72.5	4.5	19.1	3.7	0.1
2019	71.9	5.3	19.3	3.3	0.1
2020	67.8	5.7	17.5	8.0	1.0
2021	76.1	4.4	13.4	4.0	0.6
2022	79.0	5.3	9.7	4.3	0.5
2023	81.5	8.1	7.0	2.8	0.6

출처: 『통일의식조사』, (서울대학교 통일평화연구원, 2023년)을 기반으로 저자 작성.

식과 변화 추이를 한눈에 파악할 수 있는 유용한 자료이다.

〈표 1〉에서 나타나듯 2007년 설문 조사를 시작한 이후부터 우리 국민의 중국에 대한 친밀감은 단 두 해(2007, 2014)만을 제외하고 줄곧 10%를 넘지 못했다. 사드 배치 결정에 따른 반발로 중

그림 3 **2007년 이후 우리 국민의 주변국 비교 친밀감**(단위: %)

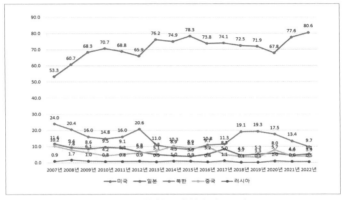

출처: 『통일의식조사』, (서울대학교 통일평화연구원, 2023년), p. 138.

그림 4 **미중에 대한 우리 국민의 "친밀감" 추이(2007~2023)** (단위: %)

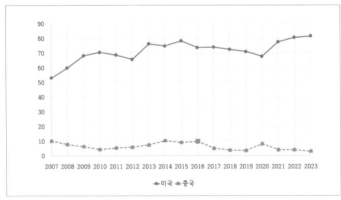

출처: 『통일의식조사』, (서울대학교 통일평화연구원, 2023년)을 기반으로 저자 작성.

국발 제재가 시작된 이후에는 무려 5.0%까지 하락했다. 코로나 초기 중국의 마스크 지원으로 친밀감은 다소 상승하는 듯하였지만, 또 다른 제재와 중국의 문화공정이 겹치면서 이후 꾸준한 감소세를 기록 중이다. 반면, 미국에 대한 친밀감은 2007년 당시 53.3%로 5개 나라 중 최고치를 기록한 이후 전반적으로 상승세를 이어가고 있다.[22] 2021년 한미 정상회담이 큰 영향을 미치며 미국에 대한 호감도는 76% 이상으로 치솟았고, 2023년에는 무려 국민의 81.5%가 미국을 가장 가깝게 느껴지는 나라로 꼽았다.[23]

〈그림 3〉과 〈그림 4〉에서 보듯 미국에 대한 우리의 친밀감은 압도적이다. 그러나 중국에 대한 친밀감은 북한보다도 낮은 수치를 기록 중이다. 물론 예외적인 상황이 있었다. 2013~2016년 박근혜 대통령 재임 당시, 박 대통령 취임과 시진핑 주석의 방한

그림 5 **미중에 대한 우리 국민의 "위협감" 추이(2007~2023) (단위: %)**

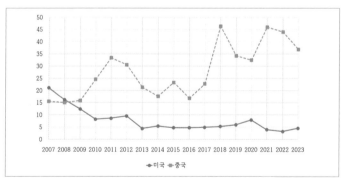

출처: 『통일의식조사』, (서울대학교 통일평화연구원, 2023년)을 기반으로 저자 작성.

22 『통일의식조사』, (서울대학교 통일평화연구원, 2019년), p. 146.
23 『통일의식조사』, (서울대학교 통일평화연구원, 2023년), p. 54.

을 계기로 중국에 대한 친밀감은 북한과 대등하면서 일본보다는 높은 수치를 기록했다. 하지만 이 4년을 제외하고 호감도 방면에서 중국은 줄곧 북한과 일본 아래에 머물렀다. 정부가 국민의 반일 감정을 자극하고 선동했던 2019년 여름 이후의 2020년도 조사에서 대중 호감도가 일본을 잠시 추월하였으나, 〈표 1〉과 〈그

표 2 **우리 국민의 주변국에 대한 위협감 정도** (단위: %)

	미국	일본	북한	중국	러시아
2007	21.2	25.8	36.1	15.6	1.3
2008	16.0	34.5	33.7	14.6	1.2
2009	12.5	17.7	52.9	15.8	1.1
2010	8.3	10.4	55.6	24.6	1.2
2011	8.6	11.6	46.0	33.6	0.3
2012	9.5	12.3	47.3	30.5	0.4
2013	4.4	16.0	56.9	21.3	1.3
2014	5.4	24.6	49.8	17.6	2.6
2015	4.7	16.1	54.8	23.3	1.3
2016	4.7	10.0	66.7	16.8	1.7
2017	4.9	7.1	63.7	22.7	1.6
2018	5.2	13.8	32.8	46.4	1.8
2019	5.5	28.3	30.8	34.3	1.1
2020	7.9	18.3	40.8	32.4	0.6
2021	3.9	11.3	37.9	46.0	0.9
2022	3.2	7.5	36.9	44.0	9.3
2023	3.4	8.3	45.8	36.8	4.6

출처: 『통일의식조사』, (서울대학교 통일평화연구원, 2023년), p. 138.

림 3〉에서 나타나듯 의도적인 반일 선동이 없으면, (즉 정상적인 상황이라면) 일본에 대한 국민의 친밀감은 줄곧 중국을 웃돌았다.

한 걸음 더 나아가 〈그림 5〉에 따르면 우리 국민은 중국에 대해 상당히 높은 위기감을 드러냈다. 특히 천안함 폭침 사건(2010)과 사드 배치 이후 중국이 보인 일련의 행태는 우리 사회에 심각한 위협으로 다가왔다. 천안함 사건 당시 북한의 편에 섰던 중국의 언행은 2012년까지 위기감을 급속도로 고조시켰고, 사드를 계기로 시작(2016)된 중국발 제제에 국민은 2020년까지 중국을 북한 다음가는 가장 위협적인 국가로 꼽았다.[24]

7-6 한국인의 중국 인식

상기한 두 사건에서 중국이 보인 행태는 한반도 유사시 중국의 입장에 대한 우리 국민의 인식에도 적지 않은 영향을 끼쳤다. 한반도 내 전쟁 발발 시 중국의 태도를 묻는 항목에서 2020년 당시 응답자 중 0.9%만이 우리(한국)를 도와줄 것이라고 대답했다.[25] 2021년과 2022년에도 국민 가운데 1.1%, 1.2%만이 여기에 동참하였다(〈표 4〉 참고). 반면 미국의 경우, 전쟁 발발 시 우리를 도울 것이라고 응답한 비율은 전반적으로 70%대를 유지했다. 트럼프

---

24 참고로 2007년 설문 결과 응답자의 15.6%가 중국을 가장 위협적인 나라로, 21.2%가 미국을 꼽았다. 『통일의식조사』, (서울: 서울대학교 통일평화연구원, 2019년), p. 154.

25 2007년의 설문 결과에 따르면, 중국이 북한을 도울 것이라고 확신하는 국민이 26.8%에 불과했던 반면, 5.3%는 중국이 우리를 도와줄 것이라고 인식했다. 『통일의식조사』, (2019), p. 169.

대통령 시기에 기대감이 다소 하락하였지만(〈표 3〉 참조), 그 반작용으로 중국에 대한 기대감이 상승하지는 않았다(〈표 4〉 참조). 그러나 한중이 밀월관계로 가까웠던 박근혜 정부 당시에는 국민의 5% 이상이 한반도 전쟁에서 중국은 한국을 도와줄 것이라는 기대감을 비쳤다.

역으로 한반도에서 전쟁이 벌어지면 중국이 북한을 도울 것이라고 보는 국민은 줄곧 다수를 점했다(〈표 4〉 참조). 박근혜 대통령 재임 시기 한중 관계가 좋아지면서 반대급부의 현상이 일시적으로 나타나기도 하였다. 하지만 외교적으로 중국이 북한 일변도 입장을 보였던 천안함 폭침 사건을 전후해 보면, 국민 대다수

표 3 **한반도 전쟁 시 미국의 태도 예상** (단위: %)

내용 \ 연도	2010	2011	2012	2013	2014	2015	2016	2017	2018	2019	2020	2021	2022
한국을 도움	74.7	72.4	72.8	75.2	74.0	70.5	74.1	67.8	66.1	71.7	64.7	70.7	70.6
북한을 도움	0.7	1.6	1.8	1.6	1.8	4.9	2.4	3.4	2.4	3.2	1.1	2.3	1.1
자국 이익 따름	23.0	24.1	23.8	20.9	22.6	22.6	22.1	26.2	29.7	23.2	32.0	25.4	26.3
중립	1.7	1.9	1.6	2.3	1.6	2.0	1.4	2.7	1.7	1.8	2.2	1.6	1.9

출처: 『통일의식조사』, (서울대학교 통일평화연구원, 2022년), p. 164.

표 4 **한반도 전쟁 시 중국의 태도 예상** (단위: %)

내용 \ 연도	2010	2011	2012	2013	2014	2015	2016	2017	2018	2019	2020	2021	2022
한국을 도움	3.3	2.4	1.3	3.3	5.2	5.8	5.3	1.2	1.2	1.9	0.9	1.2	1.1
북한을 도움	55.5	62.8	58.3	49.7	42.9	46.3	46.0	53.0	51.7	50.0	58.7	54.9	59.4
자국 이익 따름	37.4	31.0	37.5	41.4	46.0	43.4	42.9	39.7	41.4	40.5	34.9	37.4	33.6
중립	3.8	3.8	2.8	5.6	5.9	4.5	5.9	6.1	5.6	7.5	5.4	6.5	5.8

출처: 『통일의식조사』, (서울대학교 통일평화연구원, 2022년), p. 165.

는 늘 중국이 북한을 도와 줄 것이라고 확신했다. 특히 2011년에
는 국민의 62.8%가 이같은 반응을 보이며 역대 최고 수치를 기
록했다. 이후 수치는 감소세로 접어들었지만 사드 배치가 시작
된 2017년에 53%를 기록하며 다시 50% 이상 수준을 회복하였
다. 더욱이 2019년 하노이 미북 정상회담이 실패로 돌아가고 북

그림 6 **한반도 전쟁 시 주변국의 남북한 지원 여부(2007~2023) (단위: %)**

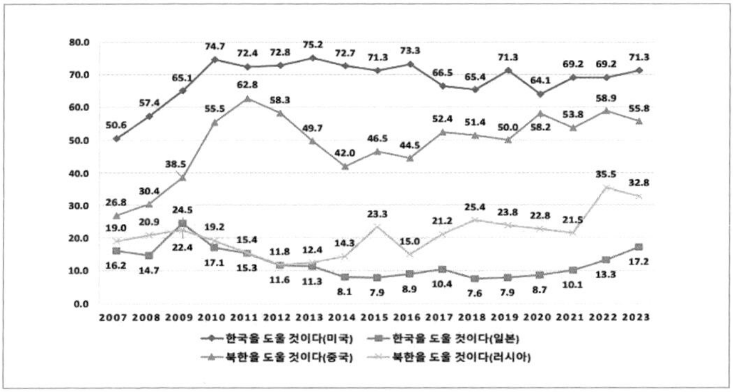

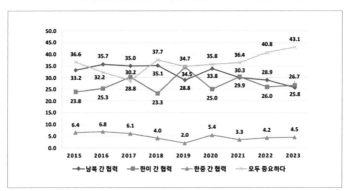

출처: 『통일의식조사』, (서울대학교 통일평화연구원, 2023년), p. 144.

그림 7 **남북, 한미, 한중 협력의 중요성(2015~2023) (단위: %)**

출처: 『통일의식조사』, (서울대학교 통일평화연구원, 2023년), p. 148.

한과 중국의 관계가 강화되면서 중국의 대북 지원에 대한 우리 국민의 확신은 한층 더 견고해졌다.

한반도 전쟁 시, 주변 4개국의 한반도(한국-북한) 군사 지원에 대한 기대감은 '미국과 일본' 그리고 '중국과 러시아', 두 진영의 양자 구도로 나타났다. 즉, 미일은 한국을 돕고, 중러는 북한을 지원한다는 것이다. 두 진영에 대한 우리 국민의 기대치는 한미 관계와 한중 관계의 양상에 따라 조금씩 다른 결과를 보였다. 가령, 한미 관계가 양호한데 한중 관계가 악화되었을 때, '미국은 한국을 지원' 기대감과 '중국은 북한을 지원' 응답률은 함께 상승했다. 반면 한미 관계가 양호하고 한중 관계도 개선되어 안정된 양상을 보이면, 미국의 한국 지원에 대한 기대감은 다소 하락하고 중국의 대북 지원에 대한 확신은 상당히 축소되는 양상을 특히 2012~2014년도에 보였다(그림 6 참조).

중국에 대한 우리 국민의 인식은 협력 방면에서도 고스란히 드러난다. 〈그림 7〉에서 보듯 한국 사회는 중국과의 협력보다 미국과의 협력을 더욱 중요시한다. 2017년 이후부터 한미, 한중, 남북 간의 협력을 모두 추진해야 한다는,[26] 즉 우리가 외교를 잘해야 한다는 인식이 고조되기 시작하였음에도 불구하고 '협력'

---

26 여기에는 트럼프 팩터(Trump factor)와 더불어 미국의 대중 견제 및 압박 전략 등이 주된 요인으로 작용했다. 트럼프 대통령은 취임과 동시에 동맹의 가치를 평가절하하면서 동맹국에게 미군 기지의 분담금 증액을 강력하게 추진하였다. 그러면서 미국의 많은 동맹국들이 미국과 갈등을 겪었고 그 결과로 동맹에 대한 신뢰가 약화되었다. 다른 한편, 트럼프 행정부가 중국에 견제와 압박을 가하는 전략을 구사하면서 미·중 간 전략적 경쟁이 본격화되기 시작했다. 이런 미국의 전략에 동맹도 부득이 참여하게 되면서 미국과 협력하는 동시, 중국과 직간접적으로 갈등 관계에 놓이게 되었다. 그러나 중국 시장 상실 가능성을 우려한 일부 동맹국들은 헤징전략(Hedging Strategy)을 구사하면서 미국과 중국 모두와 협력하는 관계를 발전시키는 데 소홀하지 않았다.

의 대상으로서 중국은 줄곧 꼴찌에 머물러 있다.

〈그림 8〉에서 증명되듯 우리 국민의 중국에 대한 경쟁의식도 대중 이미지에 한몫하는 것으로 볼 수 있다. 우리는 2007년부터 중국을 경쟁과 경계대상으로 줄곧 인식했다. 박근혜 '효과'가 있었던 2013~2016년 동안 협력대상이라는 인식이 경계심을 초월하기도 했으나, 2014년 최고점(29.4%)을 기록한 이후 꾸준한 내림세로 접어들었다. 반면 2017년 사드 제재 이후 중국은 경쟁보다는 오히려 경계대상이라는 인식이 급상승하였다. 그러면서 2016년까지 가장 높은 비율을 차지하던 경쟁대상은 중국에 대한 두 번째 이미지가 되었다. 2018년 이후로는 경계대상으로서의 이미지는 약해진 데 반해, 적대적 인식은 상승한 것으로 나타났다. 국민의 의식 속에 중국은 과거와 달리 경쟁대상으로서의 이미지는 점차 희석되고, 경계와 적대적 대상으로서의 이미지가 점차 강해지고 있다.

그림 8 **중국의 국가 이미지(2007~2023) (단위: %)**

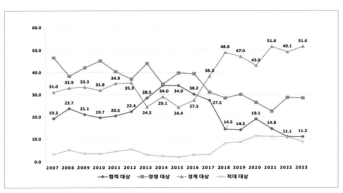

출처: 『통일의식조사』, (서울대학교 통일평화연구원, 2023년), p. 141.

7-7 비핵화 달성의 중요국, 미국〉일본〉중국 順

지난 30년 동안 북한 핵을 두고 외교적 고초를 겪은 뒤, 서울대학교 평화통일연구원은 올해 처음으로 북한 비핵화를 위한 미일중 3국의 협력 필요성을 설문 항목으로 삽입하였다. 비핵화를 이룩하는 데 매우 중요한 나라로 미국(50.0%)이 1위를 차지했고, 중국은 '중요한 편'(58%)으로 평가되었다. 흥미로운 사실은 국민이 일본을 중국보다 더 '중요한 편'(60%)으로 선택한 점이다. 중국이 '별로 중요하지 않다'고 응답한 국민이 11.6%이기에 중국의 역할과 협력에 대해 국민적 회의가 드러났다고 볼 수 있는 대목이다. 미국이 단연 북한 비핵화의 열쇠를 쥐고 있는 나라로 나타난 것도 주의할 만한 사실이다. 국민은 미국에 대해 '매우 중요하다'(50%), '중요한 편이다'(47.6%)라는 응답으로 그와의 협력에 강한 확신을 드러냈다. 중국에 대해서도 국민 중 87.3%가 그

그림 9 **북한 비핵화를 위한 한미, 한중, 한일 협력 필요성(2023)** (단위: %)

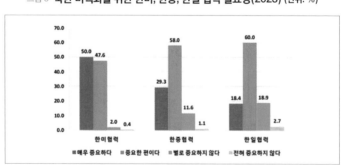

출처: 『통일의식조사』, (서울대학교 통일평화연구원, 2023년), p. 149.

와의 협력이 중요하다고 평가하였다. 하지만 이는 미국과 10%포인트 이상 뒤떨어진 수치였다.

한반도 통일 문제에서도 국민은 중국에 대해 회의감을 피력하였다. 〈그림 10〉과 같이 한반도 통일에 대한 미국과 중국의 지지도 예측은 상당한 괴리를 보이고 있다. 중국이 한반도 통일을 지지할 것이라고 기대하는 국민은 극히 예외적인 몇 순간(박근혜 정

그림 10 **한반도 통일에 대한 미중의 지지 예측 총계(2007~2023) (단위: %)**

출처: 『통일의식조사』, (서울대학교 통일평화연구원, 2023년)을 기반으로 저자 작성.

그림 11 **중국에 대한 국민의 인식(친밀감, 위협감, 통일 지지 예측, 2007~2023) (단위: %)**

출처: 『통일의식조사』, (서울대학교 통일평화연구원, 2023년)을 기반으로 저자 작성.

부)을 제외하고 결코 20%를 넘지 못했다. 2018년 이후 남북 정상 회담, 미북 정상회담, 그리고 중북 정상회담으로 남북 관계와 한 반도 긴장 국면이 전환점을 맞이하며 소위 '한반도의 봄'이 도래 했음에도 불구하고, 중국의 한반도 통일 지지 인식을 반등시키 는 효과는 도래하지 않았다.

우리 국민의 대중국 위협의식, 호감도와 통일에 대한 지지 예측(기대감) 등을 하나로 정리하자면 아래 〈그림 11〉와 같다. 위협 의식은 천안함 폭침 사건과 사드 제재를 전후로 상당히 고조되 었다. 반면 같은 기간 중국에 대한 친밀감은 감소세를 나타냈다. 중국에 대한 친밀감은 한반도 통일에 대한 중국의 지지 기대감 과 비례 관계를 형성했다. 호감도 하락에도 주변 정세의 변화(미 북 정상회담, 남북 정상회담 등)로 통일에 대한 중국의 지지를 기대하는 국민이 미약하나마 반등하는 반비례적인 양상(2019)이 잠시 나 타나기도 하였다. 하지만 대부분의 경우, 대다수의 국민 인식 속 에는 중국에 대한 위협감이 팽배하여 친밀감이 설 자리가 극히 좁다. 다시 말해, 우리 국민은 한반도 통일을 두고 중국의 지지를 기대하기 어렵다는 의식을 가지고 있다.

7-8 영향력 공작은 절반의 성공

이상의 사실이 방증하듯, 우리 국민은 중국 영향력 공작에 취약 해 보이지 않는다. 사회의 지도자계층과 고위급 인사들과 달리 이들은 중국을 상당히 현실적으로, 이성적으로, 그리고 객관적으로 보고 있다. 국민은 지금껏 주변 4강과 북한을 포함한 5개국 중 중국에 대해 다소 떨어지는 호감도를 표시해 왔다. 주변 다섯 개 나라 가운데 중국에 대한 우리의 친밀감은 북한보다도 떨어지는 것이 사실이다. 하지만 여기서 현혹되지 말아야 할 사실이 있다. 중국에 호감이 있는지 없는지와 같이 양자택일로 감정이나 정서를 묻는 설문 조사에서 우리 국민의 대중 호감도는 높은 것으로 종종 나타났다. 중국과 일본 중 하나를 선택해야 하는 조사에서도 중국을 더 좋아한다는 결과가 왕왕 도출되었다. 하지만 주변국과 비교하는 상대적인 설문 조사에서 중국에 대한 우리 국민의 친밀감은 일본과 비슷한 수준에 머물렀다.

이러한 현실이 중국 영향력 공작에 갖는 함의는 다음의 두 가지로 정리할 수 있다. 하나는 그의 영향력 공작이 절반의 성공을 거두었다는 점이다. 중국은 우리 나라의 주류 사회의 많은 인사들을 포섭하는 데 성공했다. 다른 하나는 이런 의미에서 중국 영향력 공작의 남은 대상과 도전과제는 우리 국민이라는 점이다. 즉 중국에 대한 불신, 혐오, 불만 등이 팽배한 이들의 태도를 정반대로 돌려놔야 한다는 뜻이다. 하지만 그러자면 중국에 대해 비호감을 가진 우리 국민의 70% 곧 대다수를 전향시켜야 한다. 이를 위해 중국은 한국의 주류 사회지도층을 이용하는 동시, 국민에 대해 모든 수단과 방법을 동원하려 든다. 공공외교, 인문 교류와 같은 합법적인 수단은 물론이고 심지어 허위, 가짜뉴스 유포와 댓글 등 불법적이고 선동적인 방법까지 서슴지 않는다.

아이러니하게도 우리 국민이 중국에 비호감을 가지면 가질수록 중국의 영향력 공작은 더욱 끊이지 않을 것이다. 중국이 한반도에서 추구하는 궁극적이고 장기적인 국정 목표, 곧 주한미군 철수와 한미동맹 폐기를 끌어내기 위해 미국에 대한 반감을 고조시키고 반대로 중국에 대한 호감은 상승시켜야 하기 때문이다. 다시 말해 중국의 영향력 공작은 주한미군과 한미동맹이 존재하는 한 지속될 것이다. 더욱이 현재 우리 국민이 이에 동요하지 않고 있으므로 중국은 특히 우리 국민에 대한 영향력 공작을 집요하게 펼쳐댈 것이다. 안하무인의 태도로 우리나라와 국민을 자극·선동하고, 일방적인 압박으로 우리 사회에 분란을 일으켜 친중, 종북, 친북, 반일, 반미 세력이 득세할 수 있는 공간을 끊임없이 확대할 것이다.

국민의 70% 이상은 지도층이 우리 국익과 주권을 침해하는 중국에 정정당당한 태도로 맞설 것을 요구한다. 수적으로 분명 열세이지만 우리의 국운을 결정한 권력을 지닌 우리의 지도계층이 국민의 요구에 합당하게 행동한다면, 중국의 영향력 공작은 충분히 막아낼 수 있다. 그러나 현재로서 지도계층은 국민에 반하는 견해와 태도를 가지고 중국과 대면하고 있다. 결국 이들이 우리나라가 중국 영향력 공작에 취할 수밖에 없는 근본적이고 본질적인 원인을 제공하고 있는 셈이다. 이들이 중국 환상가와 중국 포비아에서 탈출하지 않는다면 대한민국은 중국 영향력 공작의 늪에서 아주 오래도록 빠져나오지 못할 것이다.

위의 〈그림 7〉에서 드러났듯 미중 전략경쟁 시대에 국민은 한중 협력보다 한미 협력이 더 중요하다고 생각한다. 또한 남북 협력을 한중 협력보다 더 중시한다. 그러나 미중 전략경쟁이 심화되기 시작한 2020년부터는 한미, 한중, 남북 간 협력이 모두 중요하다는 의견에 찬성하는 국민이 40% 이상인 것으로 나타났다. 국민은 미국, 중국, 북한과 전방위적이고 전면적이나 균형적인 협력을 어떻게 펼쳐나가야 하는지 모른다. 대신 이를 정부에게 요구한다. 주지하다시피 이를 고민하고 해답을 찾는 것은 정부의 몫이다. 이렇게 할 때 정부는 비로소 국민과 국익을 위한 외교를 펼쳤다고 자부할 수 있다. 자기들만 좋아하는 환상가에 집착하고, 자신들만 두려워하는 것에 굴복하는 행위는 국민과 국익의 요구에 부합할 수 없다. 결국 중국 영향력 공작을 저지하기 위해 우리나라가 할 수 있는 최고의, 최선의 방책은 정부와 지도자들이 국민의 요구를 귀담아듣는 것이다. 그렇지 않으면 중국은 우리 국민을 대상으로 더욱 집요하고 맹렬한 초한전을 몰고 올 것이다. 정부와 지도자가 아무런 성찰도 없이, 각성하지 않는다면 우리 국민을 괴롭히는 중국의 초한전은 멈추지 않을 것이다. 그리고 이 때문에 우리나라에 대한 중국의 초한전은 여전히 현재 진행형이다.

4부

극중팔계(克中八計) 외교 전략

8장

중국 외교 공작 대비, 8개 책략[八計]

8-1 초한전(超限戰) 대비, 국내법 정비 필요

우리나라에 대한 중국의 영향력 확대 공작은 서구와 다르게 진행되는 특징이 있다. 그렇다고 해서 우리 측의 대응전략이나 대비책의 본질 역시 다르게 나아갈 필요는 없다. 중국이 의도하는 바와 목적은 결국 하나로 귀결되기 때문이다. 다만 우리 사회와 상황에 적용할 수 있는 맞춤형 전략을 구사하고 있기 때문에 영향력 공작의 특징을 파악하는 한편, 우리만의 대응책과 대비책 마련을 병행해야 한다. 그러나 안타깝게도 우리의 상황은 이 같은 대응전략의 수립을 도울 조건을 갖추지 못하고 있다. 심지어 외국인 간첩 활동이나 외국의 초한전 전략에 직접적이고 적극적으로 대응할 수 있는 법조차 존재하지 않는다. 법이 없으니 이러한 행위를 감시, 조사, 수사할 수 있는 권력기관마저 없다. 권력기관도 없고 사법 체계도 부재하다. 체계가 없다 보니 우리는 외국의 초한전 침투 전략에 무방비로 노출되어 있다.

우리나라 현행법 가운데 외부로부터 혹은 외부를 위한 공세를 막아줄 법이 전혀 없는 것은 아니다. 형법 제98조의 이른바 「간첩죄」, 「국가보안법(이하 '국보법')」, 「군사기밀보호법」과 「산업기술 유출방지 및 보호법」 등 네 가지 법안은 국익과 사회질서 유지 및 보호를 위해 작동하고 있다. 그러나 상술하였듯 이들은 외부의 공세를 적극 방지, 예방 혹은 저지하는 데 역부족이다. 왜냐하면 법의 운용, 곧 "'누구'의 '어떤 행동'을 처벌할 것인가?"라는 질문에서 네 가지 법안 모두 심각한 맹점과 한계를 내포하고 있기 때문이다.

8-2 이적(利敵) 개념 변경 불가피

1953년에 제정된 형법 제98조는 우리의 헌법이 다음의 두 가지 상황에서 「간첩죄」를 적용할 수 있다고 명시하였다. 하나는 적국을 위하여 간첩 활동을 하거나 적국의 간첩을 방조하는 경우, 다른 하나는 군사상 기밀을 적국에 누설하는 경우이다. 여기서 지적하는 적국은 국제법상의 국가만을 의미하지 않는다. 군사상의 기밀 역시 군사와 직접적으로 관련된 기밀에만 국한되지 않는 것으로 풀이된다. 이러한 추가적 설명이 붙는 이유는 해당 법이 제정될 당시 북한을 염두에 두었기 때문이다. 당시를 포함해 지금도 우리는 북한을 국가로 인정하지 않는다. 군사상의 기밀 또한 군사 기밀과 더불어 우리의 안보, 치안 등 국가안보와 관련된 일련의 정보를 포함하려는 저의에서 위와 같은 풀이가 덧붙여졌다. 더불어 북한을 고려한 법안이기에 간첩행위를 위해 국내에 잠입 혹은 입국하였을 때 실행의 착수(實行의 着手: 범죄의 구성요건에 해당하는 행위의 실현을 개시하는 일)가 인정되는 것이 통념으로 잡혔다.

1948년에 제정된 「국보법」의 목적은 "국가의 안전을 위태롭게 하는 반국가활동을 규제함으로써 국가의 안전과 국민의 생존 및 자유를 확보함"으로 규정되어 있다. 그러면서 '반국가단체'[1]와 '이적단체'[2]의 회원과 방조자 등을 처벌 대상으로 삼았다. 하지만 해당 형법은 '우리 국민'의 직접적인 간첩 관련 활동 혹은 이를 방조하는 활동에만 적용되고, 법원이 이적단체로 판결하기 전 가입한 회원이 뚜렷하게 불법행위를 자행하지 않았다면 처벌할 수 없다는 맹점을 가지고 있다. 다시 말해 이적단체로 인식되더라도 즉각 단체를 강제 해산시킬 수는 없다는 의미다.

요컨대 상기한 두 가지 법안은 '이적' 행위를 하는 개인과 단체를 겨냥하고 있다. 하지만 여기서 '이적'은 주로 북한과 관련된 것이며 행위의 주체자 역시 한반도를 벗어나지 못하고 있다.

---

1 반국가단체(反國家團體): 정부를 참칭(僭稱)하거나, 국가에 변란(變亂)을 일으킬 목적을 지닌 국내외 결사 혹은 집단으로서 지휘통솔체제를 갖춘 단체.

2 이적단체(利敵團體): 국가의 존립이나 안전, 자유민주적 기본질서를 위태롭게 한다는 것을 알면서 반국가단체나 그 구성원 혹은 그 지령을 받은 자의 활동을 찬양, 선전, 동조하거나 국가변란을 선전, 선동하는 단체.

「군사기밀보호법」과 「산업기술 유출방지 및 보호법」 역시 마찬가지다. 군사와 산업기술 분야에 종사 혹은 관련된 '우리 국민'만이 해당 법안의 감시를 받는다. 외국인의 경우 우리 기업에 종사 또는 피고용 되었던 이들만 적용된다.

이렇듯 우리나라는 외국인 간첩 활동에 대응할 수 있는 법적 장치가 부족하다. 다시 말하면, 우리는 중국의 초한전 중 법률전에서 이미 취약점을 노출하고 있다. 중국의 법률전이 자국 내 법제의 강화만을 의미하는 것은 아니다. 외국 법제의 허술함을 틈타 이를 자국의 영향력을 확대하고 발휘하는 데 이용하는 행위 역시 포함한다. 자유민주주의 국가에서 인권을 존중하는 법의 특성을 교묘하게 활용하는 것이 대표적인 사례다. 우리나라에 존속하는 이적단체, 반국가단체가 이러한 점을 파고드는 사례는 빈번하게 나타난다. 한국대학총학생회연합('한총련')은 실제로 1990년대 초부터 유엔인권이사회에 「국보법」의 부당함을 제소했다.

1992년과 1999년에 유엔인권이사회는 실제로 「국보법」의 점진적 폐지를 권고했다. 이후 2005년 한총련은 다시 유엔인권이사회를 찾아 우리나라의 헌법이 이적단체를 규정하는 데 있어 「국제인권규약」 제18조의 '사상과 양심의 자유에 관한 권리'를 위배하고, 제22조가 정한 '결사의 자유권'을 침해한다고 제소했다. 이에 유엔인권이사회는 「국보법」 제7조(찬양·고무)의 개정과 피해자에 대한 부상 및 구제를 권고했다. 2010년에는 범민련이 인터넷카페에 게재한 글이 북한을 찬양하고 고무하였다는 혐의를 받자 '표현의 자유'로 맞대응하며 무죄를 받는 데 성공했다.

이처럼 우리나라의 법망에는 이적단체와 반국가단체가 역이용할 수 있는 구멍이 존재한다. 자유민주주의 국가가 자유와 인권을 최고의 가치로 존중하는 점이 이들에게 도리어 법망을 빠져나갈 수 있는 여지를 제공하고 있음은 아쉬운 사실이다. 대한민국은 이제부터라도 중국의 초한전에 더 견고히 대응할 수 있는 법적 기초를 쌓아가야 한다.

8-3 외국인 간첩 방지법 제정

一計 외국인 간첩 활동을 방지하는 법안 마련이 시급하다. 우리나라 국회도 이의 필요성을 일찍부터 인지했다. 그럼에도 현재까지 별다른 진전이 보이지 않는 데는 법안이 발의될 때마다 이념 정쟁에 함몰되었기 때문이다. 더욱이 우리의 법조계조차 정치적 편향성을 드러내기 시작하면서 문제는 악화일로를 벗어나지 못하고 있다. 많은 법조인이 국회 의원으로 진출하면서 우리의 법원, 사법부, 검찰, 법무부, 변호인 등이 정치적 영향력에 구속되어 버리는 역설적인 상황이 벌어지고 있기 때문이다.

우리나라 법조인들의 정치적 성향과 입장은 변호사협회에 가입하면서부터 일찍이 결정된다. 우리나라에 대표적인 변호사협회는 두 개다. '민주사회를 위한 법조인의 모임('민변')', 그리고 '대한변호사협회('변협')'다. 전자는 진보성향의 단체이고, 후자는 보수성향의 단체이다. 이들은 우리나라 법조세가 정치직으로 대립 구조를 견지하게 하는 자양분이다. 오늘날 사회에 소셜 네트워크 서비스(SNS)가 가장 활발한 소통의 장으로 소용되는 추세에 맞춰 법조인들 역시 이를 애용하고 있다. 애용하다 못해 자신이 견지하는 정치적 가치, 사상, 이념을 공공연하게 표출하고 있어 문제시되는 지경이다.

가령, 페이스북 등과 같은 SNS를 통해 지지 정당, 특정 정치인을 향해 지지를 표시하는 사례는 어제오늘의 일이 아니다.[3] 법조계가 정치적 중립성을 유지하는 것은 지극히 당연한 상식이다. 그러나 최근 이들은 이념적, 사상적 정쟁의 중심에 자신들이 있다는 점을 국민에게 노골적으로 표현하고 있다. 이러한 악습관이 심각해지자 전국법관대표회의는 이런 문제를 논의할 윤리회의를 2023년 12월 4일에 개최하기로 결정했다.[4]

우리 국회는 2013년과 2014년 두 해 동안, 법원이 반국가단체 또는 폭력단체 등 범죄 목적의 단체로 판결한 단체에 대한 해산 절차를 법무부 장관이 결정할 수 있다는 요지의 법안을 각각 발의하고 상정했다. 당시 자유한국당의 의원이 발의한 '범죄단체의 해산 등에 관한 법률안'이었다. 그러나 국회 회기의 만기가 도래하면서 이 법안은 자동 폐기되었다. 이른바 '이적단체 해산법'으로도 알려진 이 법안을 현재의 대한민국은 부활시킬 필요

---

3 "정치적 SNS 쓴 '정진석 실형 판사'에 엄중 주의 처분", 『한국일보』, 2023년 11월 16일; "이재명 대선 패배에 '절망' 글 올린 박병곤 판사… 대법원에 '엄중 주의' 받아", 『NewDaily』, 2023년 11월 17일.
4 "내달 4일 전국법관대표회의…판사 SNS 사용 등 논의", 『연합뉴스』, 2023년 11월 27일.

가 있다.

2023년 6월, 국회 법제사법위원회 법안심사 제1소위원회는 간첩의 개념을 확대하고, 처벌 대상 행위를 좀 더 구체화하는 내용의 형법 개정안 4건을 심사했다. 이들의 개정안은 2023년 3월에 발의되었다. 하지만 법원이 "기밀 유출 행위를 처벌하는 기준의 법과 개념과 범위를 확대한 (기조의) 「간첩죄」가 서로 충돌할 것"이라며 반대 의견을 제시했다. 법원은 "비슷한 범죄 행위를 여러 법률로 처벌할 경우 생기는 법체계에 혼란을 줄 수 있다는 점"을 강조했다. 이에 일부 야당 의원들이 찬성표를 던지면서 해당 안건은 추후 재논의하는 것으로 결론이 내려졌다.[5]

개정 법안은 적국의 개념을 우방국을 포함한 외국, 외국인, 외국인 단체로까지 확대하고, 이들의 간첩 활동도 처벌 대상에 포함하도록 개정하는 것을 골자로 하고 있다. 또한 이제까지 "모호했던 간첩행위 유형을 '탐지·수집·누설·전달·중계' 등으로 구체화"하는 내용까지 담고 있다.[6] 산업 기밀 유출 행위도 간첩으로 규정한다는 내용 역시 또 다른 개정안으로 상정되었다.

법원의 시빗거리는 "적국이 아닌 국가가 한국과 얼마나 적대적인지 혹은 가까운지 여부를 고려하지 않고 일률적으로 강하게 처벌하는" 것이 과연 타당한지에 있었다. 즉, "우방국, 동맹국, 또는 이에 준하는 외국에 제공할 수 있는 정보와 적국, 준적국, 또는 이에 준하는 외국에 제공할 수 있는 정보의 종류에는 매

5 "법사위에서 발목 잡힌 간첩죄 개정", 『법률신문』, 2023년 7월 3일.
6 "법사위에서 발목 잡힌 간첩죄 개정", 『법률신문』, 2023년 7월 3일.

우 큰 차이가 있을 수 있다"는 것이다.[7] 그나마 위안이 되는 것은 2023년 9월 「산업기술의 유출방지 및 보호에 관한 법률」의 일부 개정안이 국무회의를 통해 의결된 사실이다. 이로써 이중국적자를 포함한 외국인의 우리 기술 유출 행위를 처벌할 수 있는 법적 근거가 비로소 마련되었다.

우리 사법부의 발언은 자유민주주의 체제를 수호해야 하는 책무를 무시한 비상식적인 언행으로 개탄스럽기 짝이 없다. 이는 국제정치의 현실과 초한전의 위협에 또렷이 노출된 우리의 실상, 그리고 외국의 영향력 공작 실태에 대한 사법부의 무지를 고스란히 드러낸 비극이다. 나아가 미국, 영국, 프랑스, 독일 등 자유민주주의 국가와 중국, 러시아 등 사회주의 국가의 외국인 간첩법에 대한 무지를 시인한 것이다. 이들 나라의 간첩법에는 우방국, 동맹국, 적국, 준적국, 또는 이에 준하는 외국이라는 개념이 없다. 간첩행위 그 자체를 나라의 국익, 주권, 체제, 질서, 안위

표 1 **주요국 간첩죄 조항 중 '외국' 개념 정의 비교**

국가	'외국' 정의(법적 근거)
미국	'외국의 이익'(미연방법, 제18편 27장 제793조)
	'외국 정부, 파벌, 정당, 군대'(제794조)
	'외국 정부의 이익'(제798조)
	'외국 정부나 기타 외국의 기관·요원'(제1831조)
독일	'타국'(독일 형법 제94조)
중국	'국경 밖의 기구·조직·인원'(형법 111조)

출처: "'적국'→'적국·외국·외국인·외국인 단체'로.... '간첩죄' 개정안 발의", 『법률신문』, 2023년 3월 12일.

7 상동. "법사위에서 발목 잡힌 간첩죄 개정", 『법률신문』, 2023년 7월 3일.

와 안전을 위협하는 가장 보편적인 화근(禍根)으로 간주하기 때문이다.

중국의 초한전뿐만 아니라 가상세계의 발달로 그곳에서의 위협 요소 역시 만무한 오늘날, 우리나라에 대한 외국의 침투 및 영향력 공작 전략은 날로 다양해지고 있다. 여론전, 미디어전, 심리전, 법률전이 경쟁국을 약화 심지어 도태시키기 위한 최고의 수단으로 적극 활용되고 있는 현실을 우리의 법조인과 입법자들은 이제라도 직시해야 한다. 국가를 최우선으로 생각해야 할 이들이 외부의 위협으로부터 우리나라를 보호할 수 있는 법망을 강화하는 데 그 누구보다 솔선수범을 보여야 한다.

8-4 이적 행위 개념 재정립

二計 상기한 법안의 기초가 되는 이적 행위의 개념을 재정립해야 한다. 이유는 간단하다. 우리나라의 외국 간첩 행위 방지와 관련된 법안들에서 '이적' 개념은 여전히 불명확하기 때문이다. '이적(利敵)'은 적(국)을 이롭게 하는 행위를 의미한다. 그런데 우리나라 법안들은 그 적(국)을 법적으로 명확하게 규정하지 못하고 있다. 이의 이유 역시 간단하다. 우리의 적(국) 정의가 정부와 지도자의 대외관, 세계관, 특히 대북관에 의해 부단히 변화하기 때문이다. 일례로, 대북 관계 개선을 추구하는 정권과 지도자는 북한을 적국으로 간주하지 않는다.

더구나 중국이 우리에게 영향력 공세를 퍼붓고 초한선을 펼치고 있는 와중에 중국을 '주적'이나 적국으로 감히 정의할 정권과 지도자는 우리나라에 없다. 더욱이 우리나라 엘리트층 내부에 '중국 포비아'가 자생하고 만연한 현실에서, 중국 눈치 보기에 길든 이들에게 그 같은 결단은 기대하기가 어렵다. 우리가 보다 포괄적인 외국인 간첩법을 제정해야 할 현실적 필요가 바로 여기에 있다.

더 나아가 이적 행위에 대한 개념이 더 이상 유권 해석으로 정의되어서는 안 된다. 탈냉전과 21세기의 '국경 없는 세상'에 사는 우리라도 누가 적국인지를 심각하게 고민할 필요는 여전히 유효하다. 그러나 안타깝게도 우리는 이적 행위를 북한과의 관계라는 관점에 갇혀 줄곧 바라보고 해석했다. 특히 정권에 따라, 다시 말해 남북 관계의 상태와 성격에 따라 이적 행위는 법의 적용을 받거나 혹은 받지 않는 대상으로 꾸준히 변모했다. 그 결과, 대북 관계의 개선과 화해, 남북대화와 협력을 중시하는 정권이 집정하는 동안 발간된 일련의 국방백서들은 북한을 주적으로 정의하지 않으면서 북한과 관련된 이적 행위를 저지할 법적 구속력을 느슨하게 만들었다.

이적 개념에 대한 갑론을박은 이제 멈춰야 한다. 진보정권이든 보수정권이든 모든 정권이 외교에서 국가이익을 최우선시하는 정책 목표를 선언할 땐 말이다. 우리 법은 우리의 국가이익을 훼손하고 위협하는 모든 나라, 개인, 단체, 기관 등의 행위를 모두 이적 행위로 정의해야 한다. 그러나 지금의 법원과 법무부는 상기한 것처럼 반대편에 서 있다. 21세기가 4차산업 시기이기 때문에 우리의 주권이익과 국가이익에 대한 위협은 현실 공간을 넘어 가상공간인 사이버 세계에서도 활발히 진행된다. 딥페이크, 해킹, 가짜뉴스 등 다양한 수단을 통해 초한전을 펼치려는 주체들의 국적 또한 점차 유명무실해지고 있다.

다시 말해 이적 행위는 국가 국적과 관계없이, 우리의 국익과 주권에 위해(危害)를 가하고 나아가 반(反)하는 행위 일체를 포괄해야 한다. 종전의 '이적' 곧 북한에 국한된 협의적 의미로서의 '이적'과 이제 작별을 고하고, 이제는 그에게 보다 더 큰 개념과 정의를 부여해야 한다. 주관적인 인식과 판단에서 우리의 '적국'과 이적 행위를 정의하고 명명하는 용기를 발휘할 때가 된 것이다.

8-5 사이버 안보법 제정

三計 사이버 안보법 제정이 필요하다. 이는 우리의 국가 사이버 안보 강화 노력의 원천이다. 우리에 대한 영향력 공작 무대 중 가장 활발하게 이용되는 무대가 바로 사이버 공간이다. 이런 공간에서의 안전과 안보를 담보할 수 있는 이른바 「사이버 안보법」 제정이 절실하다. 이를 위해 정부는 우선 〈국가사이버안보 전략〉을 더욱 구체화하는 작업을 선행해야 한다. 2019년에 이러한 전략 구상이 발표된 바 있으나 당시 공개된 내용은 두루뭉술했다. 특히 「사이버 안보법」과 관련하여 '법적 근거 마련', '법적

근거 강화', '법적 장치 강구' 등의 미사여구만 남발할 뿐, 구체적인 아이디어와 구상을 제시하는 데 실패하였다.

2022년 11월 국가정보원('국정원')은 「국가사이버안보 기본법안」의 입법을 예고했다. 이후 의견서를 제출하였지만 아직 발의되지 않은 답보 상태에 머물러 있다(2023년 11월 기준). 동 법안은 적용 대상에 외국인까지 포함했다. 법안 제2조가 '사이버안보 정보' 개념을 정의한 데서 이를 파악할 수 있는데, 국정원은 "「국정원법」 제4조를 그대로 반영한 '국제 및 국가 배후 해킹조직과 북한, 외국 및 외국인, 외국 단체, 초국가 행위자 또는 이와 연계된 내국인의 국가안보와 국익에 반하는 사이버 공격 행위 또는 활동(해킹 등)'과 관계된 제한적 사이버위협 정보를 말한다"고 설명했다.[8]

그러나 이 법안에 대한 우려의 목소리가 점차 커지고 있다. 국정원이 사이버 안보 보호를 관장하는 주된 기관이 될 것이라는 예측 때문이다. 정보 수집을 명분으로 국민에 대한 사찰 가능성이 제기되고 있다. 우리 국민은 사찰에 노이로제가 걸린 지 오래다. 다만, 동 법안을 제정하고 운영함에 있어 국정원에 모든 권한을 부여하지 않는다면 국민의 우려는 점차 사그라들지도 모른다. 현재 우리나라에는 사찰 우려를 잠식시킬 법이 이미 존재하고 있다. 「정보통신법」, 「개인정보보호법」 등이 대표적이라 할 수 있다.

이들 기존 법은 공권력이 국민을 사찰할 수 있는 권한과 권리를 크게 축소시켰다. 다만 1977년에 제정된 「전기통신법」에 의

8　"국정원 '사람아닌 사이버공격 정보만'…사이버안보법 우려 반박", 『연합뉴스』, 2022년 11월 11일.

거해 국민에 대한 통신 조회가 아직 가능하다. 2022년 1월, 국민은 이동통신사를 통해 자신의 휴대폰이 당국에 의해 조회되었는지를 확인할 수 있었다. 「전기통신법」의 보완·개정이 필요한 시점이라는 방증이다. 다른 한편, 「국가사이버 안보법」을 운영하는 컨트롤타워의 확장, 즉 다양한 다수의 관련 부처가 유기적으로 법의 운용을 책임질 경우, 사찰에 대한 국민의 우려를 불식시키는 효과를 볼 수 있을 것이다.

8-6 대중국 외교 원칙 마련 필요

四計 우리의 대중국 외교 원칙을 조속히 수립해야 한다. 중국의 초한전에 대응하기 위한 법안 마련을 위해 정부는 국회를 설득해야 한다. 국회를 설득하는 데는 중국 초한전에 대비해야 하는 확고하고 분명한 정치적 명분이 전제된다. 그리고 정치적 명분은 우리나라의 대중국 외교 목표를 담은 외교 원칙에 기반해야 한다. 이러한 외교 원칙은 보편타당한, 주권 국가가 주권 국가로서 존립하고 생존하는 데 기본적으로 견지되어야 하는 기초적인 원칙들이다. 특별한 원칙이 필요한 것이 아니다. 전 세계 대부분의 주권 국가가 채택한 외교 원칙과 다를 바 없다. 영토 주권과 영토 완정, 그리고 우리의 체제, 가치와 정체성을 존중하는 것이어야 한다. 더불어 주권 국가로서 우리가 우리 국민의 안위와 안전, 그리고 행복추구권을 보호하는 합당한 결정에 대한 존중

역시 내포되어 있어야 한다.

　이런 맥락에서 우리의 대중국 외교 원칙을 다음과 같이 제시할 수 있다. 첫째, 우리의 영토 주권과 영토 완정을 존중한다. 둘째, 우리의 국가 주권을 존중한다. 셋째, 우리의 가치와 이념, 그리고 체제를 존중한다. 넷째, 우리 국민의 안위와 안전, 그리고 행복 추구권을 존중한다. 마지막으로, 발전과 번영 추구권을 존중한다.

　五計　우리의 주권과 생존권을 확실히 수호할 수 있는 이른바 '레드라인(마지노선)'이 획정해야 한다. 이는 우리와 중국이 서로 넘지 말아야 하는 선을 의미한다. 상기한 원칙을 중국이 존중하고 우리가 수호·유지하는 데 기본적으로 필요한 외교 방침이라 할 수 있다. 마지노선을 설정함으로써 상기한 원칙의 실질적인 실천이 이뤄질 수 있을 것이다.

　우리가 요청하는 마지노선은 우리의 주권과 생존권에 대한 침해를 방지하는 데서 출발한다. 다른 한편, 우리 역시 중국이 내세운 마지노선 즉 중국의 '핵심 이익'을 존중해야 한다. 이들은 한중 간 상호주의가 비로소 실천을 향해 걸음을 내딛는 시작점이다. 문제는 중국이 말하는 '핵심 이익'의 개념이 굉장히 모호하고 확장적이라는 데 있다. 중국이 요구하는 모든 '핵심 이익'을 한중 양국의 마지노선에 반영하기가 현실적으로 어렵다는 뜻이다.

　그러나 한중 양국이 처한 상황과 실정에 맞게 서로가 넘지 말아야 할 선을 고려할 여지는 있어 보인다. 아래 〈표 2〉와 같이 한중 양국의 마지노선을 정리할 수 있겠다.

중국과 공존을 선택하더라도 그가 우리의 주권과 생존권 및 기본가치를 손상하는 것을 방치해서는 절대 안 된다. 따라서 우리의 대중국 마지노선 설정과 이에 대한 억제와 예방 조치 마련이 시급하다. 지금까지 우리의 대중국 외교는 다른 외국과 다르게 마지노선이 부재한 가운데 이루어졌다. 그뿐만 아니라 중국 관련 국익을 과대평가하면서 중국에 대한 막연한 공포로 우리의 입지를 스스로 축소해 왔다.

외교에서 마지노선이 설정되는 방식은 크게 두 가지다. 하나는 사소한 발언이나 도발적 행동으로 상대방의 반응을 살피며 스스로 터득, 즉 잠재적 설정에 이르는 것이다. 그리고 다른 하나는 상대방과의 협의를 유발하여 모종의 합의에 이르는 방식으로 형성하는 것이다. 이러한 사례는 지금껏 한중 관계에서도 몇 차례 출현하였다. 하지만 모두 우리 측의 '순종'으로 일단락되면

표 2 **한중의 마지노선**

중국이 넘지 말아야 할 대한국 마지노선	우리가 넘지 말아야 할 대중국 마지노선
우리 EEZ 내에서의 군사 활동	중국의 핵심 이익(대만, 인권 등)
북한의 대남 위협과 공격행위 동조 우리의 KADIZ 무단 침입 및 무력화	노골적인 대중국 군사적 포위망 형성
우리 영해에서의 불법조업	대중국 공격형 무기 배치
남중국해와 동중국해 등의 수역에서의 항행의 자유 불허	한미동맹의 전략적 유연성 전략 참여로 대만해협과 남중국해 유사시 군사적 개입
우리의 안보 주권에 대한 개입	한미동맹의 방위 대상에 중국 추가
우리의 정체성 왜곡 언행	북한 비핵화 수단으로 선제공격 동원
우리의 가치와 이념에 반하는 행위	한미일 군사동맹 추진

서 중국과 마지노선을 설정하는 데 실패한 것이 사실이다.

우리의 대중국 외교는 원칙에 기반하는 동시, 이를 겨냥한 중국의 도발 행위에 적극 대응하는 데 초점이 맞춰져야 한다. 여기에는 사전에 우리의 마지노선을 중국에 명확히 각인시키는 외교적 작업을 병행할 필요가 있다. 나아가 위반행위에 적극 대응하는 행동을 취함으로써 우리의 억제와 예방 조치를 자연스럽게 확립해야 한다.

그러나 우리의 대중국 마지노선을 견지하는 가운데 한 가지 유념해야 할 사항이 있다. 바로 중국의 핵심 이익에 대한 배려다. 중국의 핵심 이익은 특히 양자 관계에서 분명하게 존중되어야 한다. 역으로 중국도 우리의 정체성, 주권과 생존권에 관한 사항을 침범하지 않고 존중해야 한다. 하지만 지금의 한중 관계에서 상호 배려는 기대하기 다소 어려운 것이 사실이다. 따라서 우리는 중국이 우리를 존중하지 않는다면, 한국은 전력의 비대칭성 때문에 외부세력과 연대하고 동맹에 더 의존하는 형국으로 나아갈 것이 자명하다는 사실을 중국에 주입해야 한다.

8-7 국내 주류 세력의 중국 인식 개선 필요

六計 우리에게는 외국, 특히 전체주의 국가의 영향력 공작을 저지 혹은 조사할 수 있는 법적 근거가 없다. 우리가 이들의 선거 개입에서부터 간첩 활동에 속수무책으로 당하는 이유 중 하나

다. 대통령령으로 존속해 온 이른바 '방첩(防諜) 업무 규정'만으로는 역부족이다. 이 령(令)은 의심되는 외국의 간첩 활동을 수사할 수 있는 권한을 부여하지 않는 까닭이다.

조사는 할 수 있으나 수사권이 없다. 어떠한 처벌 규정도 없다. 다시 말해, 내외국인의 간첩 활동 정보 수집 차원에서 의심되는 이들에 대한 조사는 허용된다. 그러나 이렇게 수집된 정보에 근거해 해당 령이 규정하는 안보 침해나 외국의 간첩 활동을 수사할 수는 없다. 현재 국내에 있는 간첩에 대한 조사와 수사를 책임지고 있는 경찰이지만 외국인에 대해서는 이러한 권한을 집행할 수 없다.

따라서 우리나라도 외국인 간첩의 잠입 및 침투 가능성을 염두에 둔 전문적인 대응 법안과 기관이 필요하다. 중국의 초한전이 문화적 침투를 최고의 전략 무기로 여기듯, 문화는 초한전의 '창(創)'이다. 이에 대응할 수 있는 우리만의 방어무기가 체계적으로 갖춰져야 한다. 그런 방패 역할은 문화에서 시작해야 한다. 현재 우리의 방첩 기관은 첩보와 방첩 업무를 효과적으로 수행할 수 있는 문화적 기반을 갖추고 있다. 조직과 기관, 그리고 고유의 업무에는 그만의 문화라는 게 존재한다. 이런 문화는 오랜 세월 동안 축적된 사고, 인식, 기법, 기술과 마음가짐의 집약체다.

앞으로 우리의 방첩 수사 역량을 향상하고 강화하기 위해서는 몇 단계 입법 조치가 시급하겠다. 가장 기초적인 단계로 2023년 6월에 발의된 '외국대리인에 관한 법률안(FARA)'을 시급히 통과시켜야 한다. 해당 법안은 외국 정부의 지원을 받아 활동하는 개인과 단체의 등록 의무화를 요구한다. 이를 통해 우리는 외국 개인이 운영하는 조직화된 단체의 목적과 취지에 관해 투명성을 획득할 수 있다. 나아가 이는 잠재적인 외국 간첩 조직 활동을 합법적으로 정당하게 들여다볼 수 있는 기본 여건을 담보한다.

두 번째 단계는 이 법률안을 기초로 외국인 간첩을 조사 수사할 수 있는 법안을 제정하는 것이다. 주지하듯 간첩 활동은 네트워크를 통한 조직 형태로 이루어진다. 그 조직의 기본 정보를 우리는 위의 법률을 통해 확보할 수 있다. 따라서 위 법률의 후속 작업으로서, 간첩 활동이 의심되는 조직을 조사 수사할 수 있는 상위 법률이 제정되어야 한다. 앞에서 언급하였듯 '국가보안법'이 존재하지만, 주적과 이적 개념이 모호한 현 상황에서 더욱 구체적이고 선명한 법률이 제정될 필요가 있다.

마지막으로 이러한 법안들을 전담할 수 있는 전문적인 조직 또는 기관이 필요하다. 방첩 권한을 강화해주는 법안이 마련되어도 이를 효과적으로 실천할 수 있는 주체가 없으면 무슨 소용이겠는가. 따라서 이러한 법안들을 제정할 때 '법안의 주체(실행자)'를 반드시 고려해야 한다. 명확한 주체를 정의하여 이들이 법안으로부터 부여받은 권한과 권력을 효과적으로 실행할 수 있는 법적·행정적 조건을 만들어 줘야 할 것이다.

七計 중국인의 국내 활동을 엄격하게 관리해야 한다. 특히 발의된 '외국대리인에 관한 법률안(FARA)'에 명시된 등록의무의 면제 조항 때문이다. 동 법률안의 제5조 '등록면제' 조항은 '종

교·학문·예술 또는 과학적 연구와 관련된 활동에만 종사하는 사람'에게 면책 특권을 부여한다. 그러나 외국의 사례에서 볼 수 있듯, 많은 외국인 연구자, 예술가, 종교인, 과학자 등이 이를 빌미로 간첩 활동을 벌인 사례가 즐비하다. 외국의 경우도 이들에 대한 과신이 화를 자초한 것이다. 이들에게서 간첩 활동을 기대도 하지 않았기 때문에 의심조차 하지 않았다. 그러다가 이들에게 당한 것이다. 기술 유출부터 시작해서 교실 내에서 중국의 우월주의와 예외주의, 그리고 중국의 당위성과 합리성을 설파하는 등 '학문의 자유'를 역이용하는 행태가 발각된 것이다. 이런 의미에서 이들에 대한 외국인 등록 면책 특권을 보장하기 이전에 우리의 관련 당국 간의 협력, 공조 체계가 우선 마련되어야 할 것이다. 그래야만 공자학원과 '차하얼 센터'에 대한 일부 국민의 불신과 우려가 잠식될 수 있다.

따라서 우리 사법 당국은 국내 체류 중인 중국인들이 발급받은 비자에 준하는 생활과 활동을 하는지, 철저히 관리·감독해야 한다. 경제적 활동뿐만이 아니다. 유학생 비자가 아님에도 불구하고 국내 대학에서 학위 취득을 위해 수학하는 행위 또는 아르바이트하는 활동까지 감시해야 한다. 또한 이를 엄격히 방지할 수 있는 제도적 장치를 마련해야 한다. 여기에는 법무 당국과 학교 당국 간의 견고하고 긴밀한 협조가 전제된다. 학교 입장에서 중국인 주재원의 입학은 수익 사업이기 때문에 마다할 이유가 없다. 그러나 이는 명백한 범법행위다. 이를 학교 측이 모를 리 없다. 비자 확인은 반드시 필요한 사전 절차이기 때문이다. 우리의 주재원이 중국 대학에서 입학과 수학이 어려워진 이유를 우리의 대학가는 귀담아들을 필요가 있다.

八計 무엇보다 시급한 것은 중국에 대한 우리 엘리트층, 주류 세력의 인식 개선이다. 중국을 현실적으로, 이성적으로, 냉정하게 직시해야 한다. 그 출발점은 '중국 포비아'에서 벗어나 저자세 외교를 근절하는 것이다. 중국의 한반도 통일 지지, 북한 비핵화에 대한 입장 그리고 중국 시장은 변화무쌍하다. 우리는 그 변화에 적응하고 날렵하게 변해야 한다. 그래야만 우리 외교가 실용적이고 국익 중심으로 성장하고, 유연하게 잠재적인 능력과 실력을 발휘할 수 있게 된다. 외교는 생물이고 그 생물은 판세에 따라 숨 가쁘게 변한다. 그리고 변화에 민감하다. 우리는 이제라도 이에 적응하고 변화할 의지를 가져야 한다. 케케묵은 저자세 외교와 중국에 대한 '잘못된 환상'에서 벗어나는 것은 우리가 중국의 영향력 공작에 맞설 첫 번째 방패막이다.

참고문헌

한국

김진하,『전체주의 국가의 대(對)한국 영향력 공작 실태』, 2023 한국세계지
　　역학회 동계학술회의집, 2023년 11월 24일.

박보라,『전체주의 국가의 대(對)한국 영향력 공작 실태』, 2023 한국세계지
　　역학회 동계학술회의자료집, 2023년 11월 24일.

오세진, "우리나라의 對中 수출 특징 변화",『Weekly KDB Report』, 2020년
　　2월 7일.

전보희, 조의윤, "한·중 수교 30년 무역구조 변화와 시사점",『Trade Focus』,
　　서울: 한국무역협회 국제무역통상연구원, 2021년 38호.

주원, "미세먼지에 대한 국민의식 조사",『경제주평』, (서울: 현대경제연구
　　원, 2019).

『통일의식조사』, (서울: 서울대학교 통일평화연구원, 2019년).

『통일의식조사』, (서울대학교 통일평화연구원, 2022년).

『통일의식조사』, (서울대학교 통일평화연구원, 2023년).

해양수산부, "2018년도 한·중 어업협상 타결... 입어규모 축소 등 성과 거
　　둬",『보도자료』, 2017년 11월 17일.

"각의, 재외동포법 공포안 의결",『연합뉴스』, 1999년 8월 31일.

"국민 75% "중국과 마찰 있어도 미세먼지 해결 요구해야",『JTBC 뉴스』,
　　2019년 11월 17일.

"[군사대로]서해 EEZ로 번지는 美中 충돌···韓中 해양경계도 암초",

『NEWSIS1』, 2021년 2월 6일.

"[글로벌 돋보기] 중국 군함 올해 한중잠정조치수역에 173회 출몰…'실효적 지배' 주장?",『KBS 뉴스』, 2018년 10월 28일.

"[기획] 굴종외교? 국익외교? 정치권 '친중' 공방 격화",『시사포커스』, 2023년 6월 15일.

"〈김규환 기자의 차이나 스코프〉 남중국해 주변국 겁박하는 중국 해상민병대",『서울신문』, 2021년 4월 23일.

"내달 4일 전국법관대표회의…판사 SNS 사용 등 논의",『연합뉴스』, 2023년 11월 27일.

"[단독]백령도 40km 앞까지 왔다, 中군함 대놓고 서해 위협",『중앙일보』, 2021년 1월 27일.

"더민주 방중단 귀국…'조중혈맹' 발언 논란",『동아일보』, 2016년 8월 10일.

"리빈 中대사 '조선족은 중국국민'",『동아일보』, 2001년 12월 6일.

"文, 시진핑 방한 러브콜… 모호한 中 '전염병 전쟁 승리 뒤에'",『중앙일보』, 2020년 2월 21일.

"文대통령-시진핑과 통화 '어려울 때 친구 진짜 친구…방한 추진'",『동아일보』, 2020년 2월 20일.

"[레이더P] [팩트체크] 미세먼지 30% 감축 공약, 얼마나 지켜졌나",『매일경제』, 2019년 3월 8일.

"美·日 '北침략 강력 규탄' vs 中·러 '확실한 증거 있어야'",『서울신문』, 2010년 5월 21일.

"미·일 '한국 대응 적극 협조' 중·러는 구체적인 언급 피해",『서울신문』, 2010년 5월 20일.

"美中 정상회담·韓 국회의원 방중…사드 전환점 될까?"『머니투데이』, 2016년 8월 7일.

"민주당 의원들 '사드 방중'…부정 평가 45.6%",『데일리안』, 2017년 1월 11일.

"박원순 '파리가 말에 붙어 가듯 우린 중국 붙어야'",『시사포커스』, 2015년 8월 5일.

"법사위에서 발목 잡힌 간첩죄 개정", 『법률신문』, 2023년 7월 3일.

"시진핑 '모르쇠'에… 박근혜 정부 통일외교 곤혹", 『세계일보』, 2016년 1월 12일.

"싱하이밍 中대사 'WHO 권고 따라야'…입국 제한 '우회' 불만(종합)", 『뉴시스』, 2020년 2월 4일.

"싱하이밍 '코로나 바이러스, 한국 정부 조치 평가하지 않겠다…WHO 대처에 따라야'", 『폴리뉴스』, 2020년 2월 4일.

"與 '민주 의원들 방중, 나라 팔아먹는 짓' 野 '이럴 때일수록 만나야'", 『조선일보』, 2023년 6월 15일.

"원자바오 '中, 결과 따라 누구도 비호하지 않겠다'(종합)", 『아시아경제』, 2010년 5월 30일.

"李대통령 '황해를 '내해'로 만들자'(종합)", 『연합뉴스』, 2008년 5월 28일.

"이러다 조상을 빼앗길 판국인데 강탈자와 대면해 족보나 뒤적이나", 『오마이뉴스』, 2004년 8월 29일.

"이재명 대선 패배에 '절망' 글 올린 박병곤 판사… 대법원에 '엄중 주의' 받아", 『NewDaily』, 2023년 11월 17일.

"재외동포법 개정 상당한 진통 예상", 『동아일보』, 2001년 11월 30일.

"'재외동포법안' 韓中 외교마찰", 『한국경제』, 2002년 1월 7일.

"'적국'→'적국·외국·외국인·외국인 단체'로…'간첩죄' 개정안 발의", 『법률신문』, 2023년 3월 12일.)

"정치적 SNS 쓴 '정진석 실형 판사'에 엄중 주의 처분", 『한국일보』, 2023년 11월 16일.

"재외동포법 적용대상서 조선족, 고려인 제외", 『연합뉴스』, 1998년 12월 4일.

"주한 중국 대사 '한국 입국금지 조치, 서로 이해하고 역지사지해야'", 『경향신문』, 2020년 2월 4일.

"中대사 '존경하는 대통령' 한국말에 문 대통령 '환한 웃음'", 『세계일보』, 2020년 2월 17일.

"中대사 '한국 조선족문제 신중을'", 『연합뉴스』, 2001년 12월 6일.

"中 바짝 껴안는 文대통령… '높은 산봉우리' '중국몽, 모두의 꿈'", 『연합뉴스』, 2017년 12월 15일.

"中, 역사교과서 왜곡 '일단 중단' 약속", 『프레시안』, 2004년 8월 24일.

"中, 한국의원 비자 또 거부", 『국민일보』, 2002년 3월 13일.

"中 '탈북자 난민인정 못해'", 『국민일보』, 2001년 12월 7일.

"중국 군함 '한반도 출몰' 5년간 910회…사드배치후 2배로", 『조선일보』, 2020년 10월 16일.

"중국, '비밀 경찰서' 전세계에 운영… '안티 시진핑 인사 송환 통로'", 『한국일보』, 2022년 9월 15일.

"'중국어선, 북한 바다 못 가' 동해안 어민들 '뿔났다'", 『한국일보』, 2020년 11월 2일.

"'중국 요인이 유일한 미세먼지 원인 아니다'란 '문재인 청와대'", 『월간조선 뉴스룸』, 2021년 11월 21일.

"'중국측이 유감 표시했나?'… '없었다'", 『오마이뉴스』, 2004년 8월 29일.

"중국, 해경 사망엔 사과 한마디 않고 … 어민 권익 보장 - 인도적 대우 요구", 『중앙일보』, 2011년 12월 13일.

"천자에 충성?… 노영민 주중대사 '만절필동' 논란", 『조선일보』, 2017년 12월 18일.

"靑 '中 해양주권침해 강력 대처'", "한·중 외교갈등 비화조짐…MB 방중 취소 가능성 시사", 『헤럴드경제』, 2011년 12월 13일.

"한중 해양경계확정 회의 개최… '협상 동력' 유지", 『중앙일보』, 2021년 3월 4일.

"한중관계, 경조사 외교로 더욱 돈독히 한다", 『연합뉴스』, 2008년 5월 29일.

"韓中정상 역사문제 '사려깊은 조치' 합의", 『연합뉴스』, 2006년 10월 13일.

"한·중 정상, 5일째 불통…이유는?" 『MBN뉴스』, 2016년 1월 10일.

[한·중 정상회담] 盧대통령 訪中첫날 안쓰", 『경향신문』, 2003년 7월 8일.

[한·중 정상회담] 中언론 '극진'", 『경향신문』, 2003년 7월 7일.

"후진타오 '천안함 희생자 위로'", 『매일경제』, 2010년 4월 30일.

영문

Arthur Waldron, "The Warlord: Twentieth-Century Chinese Understandings of Violence, Militarism, and Imperialism," The American Historical Review, Vol. 96, No. 4, 1991.

Chinese Foreign Ministry Spokesperson's Press Briefing, July 8, 2010,
http://www.fmprc.gov.cn/chn/gxh/tyb/fyrbt/jzhsl/t714888.htm (accessed July 11, 2010, and July 13, 2010),
http://www.fmprc.gov.cn/chn/gxh/tyb/fyrbt/jzhsl/t716403.htm (accessed July 16, 2010).

Memorandum from Kissinger to the President, July 14, 1971, in National Security Archive Electronic Briefing Book, No. 66: The Beijing-Washington Back Channel and Kissinger's Secret Trip to China (September 1970-July 1971), document 40.

Memorandum of Conversation between Chou En-lai and Kissinger , June 22 , 1972 , FRUS , 1969—1976 , Vol . 17.

Memorandum of Conversation, July 10, 1971, in FRUS, 1969-1976, Vol. 17, China 1969-1972, Washington, United States Printing Office, 2006.

Michael Pompeo, "U.S. POSITION ON MARITIME CLAIMS IN THE SOUTH CHINA SEA," Press Statement, US Mission to ASEAN, July 13, 2020,
https://asean.usmission.gov/u-s-position-on-maritime-claims-in-the-south-china-sea/ (accessed: October 2, 2023).

Safeguard Defenders, 110 OVERSEAS Chinese Transnational Policing Gone Wild, September 2022.

Xinhuanet, June 6, 2010,
http://news.xinhuanet.com/world/2010-07/06/c_12305072.htm (accessed June 7, 2010)
http://news.xinhuanet.com/world/2010-07/06/c_12305072.htm (accessed June 7, 2010).

Yonhap News, July 7, 2010.

"Cross-border telecom fraud cases sharply reduced in China," Global Times, August 22, 2022.

중국

何志工, 安小平, "朝鮮半島和平協定與和平機制." 『東北亞論壇』, 2008年 第17卷 第2期.

李福兴, "'四方会谈'为何难以取得进展", 『国际展望』, 1999年 第17期.

李忠杰, "理论周刊 · 庆祝中国共产党成立100周年特刊", 『北京日报』, 2021年 6月 28日.

鲁郅, "审视中国周边的'岛屿锁链'", 『军事展望』, 2001年 第6期.

史春林, "太平洋航线安全与中国的战略对策", 『太平洋学报』, 第19卷, 第8期, 2011 年.

陶文钊著, 『中美關係史 1949-1972 (中卷)』 (上海: 上海人民出版社, 2004).

王奇生, "战前党员群体分析", 『党员, 党权与党争』, (社会科学文献出版社, 2018).

杨奎松, "新中国的革命外交思想与实践", 『史学月刊』, 2010年 第2期.

张政, "'南海九段线'历史地位和法律性质述评", 『法制博览』, 2015年 6期.

朱锋, "中国的外交斡旋与朝核问题六方会谈——为什么外交解决朝核问题这么难?, 『外交评论』, 2006年 2月.

"美军变相重菲律宾 企图'包围'中国", 『中国日报』, 2007年 10月 25日.

"应邀对韩国进行为期伍天的正式访问", 『人民日报』, 1994년 10월 31일.

찾아보기